滇版精品出版工程专项资金资助项目

丛书主编：杨泠泠

本册编著：张睿莲　赵宗仁

深山走出脱贫路

阿昌族

云南人口较少民族脱贫发展之路

阿昌刀舞颂幸福

◎《深山走出脱贫路》编委会　编

YNK 云南科技出版社

·昆明·

图书在版编目（CIP）数据

阿昌刀舞颂幸福／《深山走出脱贫路》编委会编
. -- 昆明：云南科技出版社，2025
（深山走出脱贫路：云南人口较少民族脱贫发展之路）
ISBN 978 - 7 - 5587 - 4850 - 9

Ⅰ. ①阿… Ⅱ. ①深… Ⅲ. ①阿昌族 - 扶贫 - 研究 -
云南 Ⅳ. ①F127.74

中国国家版本馆 CIP 数据核字（2023）第 082990 号

阿昌刀舞颂幸福
ACHANG DAOWU SONG XINGFU
《深山走出脱贫路》编委会　编
丛书主编:杨泠泠
本册编著:张睿莲　赵宗仁

出 版 人: 温　翔
责任编辑: 洪丽春　蒋朋美　曾 芫　张 朝
助理编辑: 龚萌萌
封面设计: 解冬冬
责任校对: 秦永红
责任印制: 蒋丽芬

书　　号: ISBN 978 - 7 - 5587 - 4850 - 9
印　　刷: 昆明天泰彩印包装有限公司
开　　本: 787mm×1092mm　1/16
印　　张: 11.5
字　　数: 266 千字
版　　次: 2025 年 2 月第 1 版
印　　次: 2025 年 2 月第 1 次印刷
定　　价: 68.00 元

出版发行: 云南科技出版社
地　　址: 昆明市环城西路 609 号
电　　话: 0871 - 64114090

前言

习近平总书记指出，消除贫困、改善民生、实现共同富裕，是社会主义本质要求，是我们党矢志不渝的奋斗目标。[1]全面建成小康社会，一个民族都不能少。[2]

千百年来，云南因其丰富的资源、迷人的风光、多彩的文化和神秘的传说而被外界所认识。但与这些让人流连忘返之处共生的是集边疆、民族、山区、贫困为一体的特征，这些特征桎梏了云南脱贫的步伐，使生活在这片土地上的各族人民深受其苦，其中就包括云南省的特有少数民族——阿昌族。

云南区域性贫困、素质型贫困问题突出，贫困人口、贫困县数量均居全国第一，被党中央、国务院深深挂牵。如何在新时代彻底斩断穷根，开启幸福新征程？如何抢抓脱贫攻坚的时代机遇，交出一份令党和人民满意、无愧时代风华的答卷？

为回答这些问题，云南以"敢教日月换新天"的气魄，以滚石上山、抓铁留痕的精神，披坚执锐、攻城拔寨；以"咬定青山不放松"的恒心毅力，立下军令状、拿出硬措施、倒排时间表，向贫困发起大决战。

---

① 《习近平2017年春节前夕赴河北张家口看望慰问基层干部群众时的讲话》，《人民日报》2017年1月25日。
② 《习近平2020年春节前夕赴云南看望慰问各族干部群众时的讲话》，人民网，2020年1月22日。

深山走出脱贫路
云南人口较少民族脱贫发展之路

目　录

深山走出脱贫路

云南人口较少民族脱贫发展之路

阿昌脱贫迎巨变
一个民族都不能少

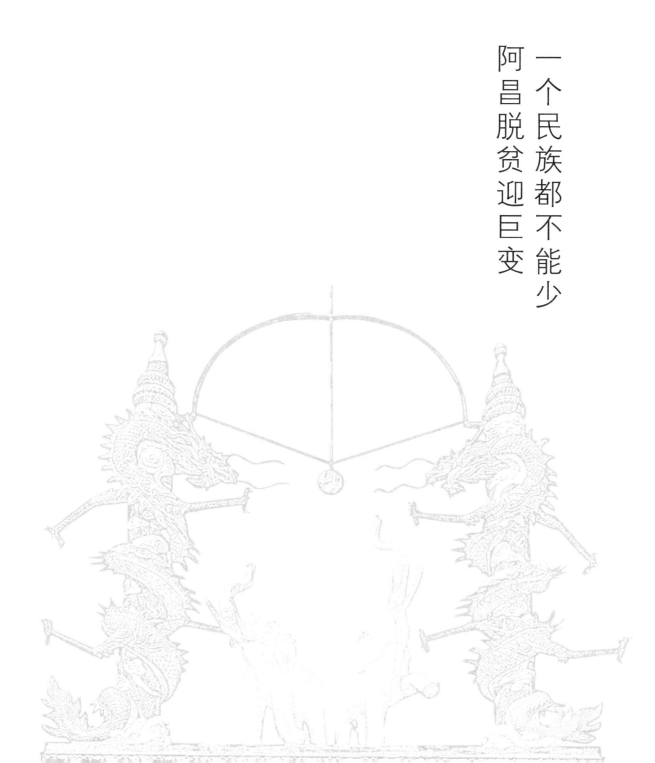

 云南行动

　　脱贫攻坚开始之初，全国有 14 个集中连片特殊困难地区，而云南就有 4 个，迪庆州、怒江州是全国"三区三州"深度贫困地区。全省 129 个县（市、区）中，122 个有扶贫任务，有 88 个国家级贫困县，有 27 个深度贫困县。[①]按照国家统计标准，2012 年年底，全省贫困人口超过 880 万人，其中，少数民族贫困人口占 46.4%，深度贫困地区贫困人口接近一半。全省贫困发生率超过 20%，27 个深度贫困县贫困发生率超过 30%，贫困数量最大的一个州（市）昭通市，贫困发生率曾经超过 40%，怒江州贫困发生率曾经超过 50%，怒江州有一个贫困县福贡县，贫困发生率曾超过 70%。[②]贫困是云南千百年来的典型特征，摆脱贫困，是云南人民世世代代的梦想。

　　2015 年 1 月，习近平总书记视察云南，对云南发展和脱贫攻坚作出重要指示，亲切会见独龙族干部群众，嘱咐全面实现小康，一个民族都不能少。

 殷殷嘱托，拳拳爱心

　　这是党的十八大以来，以习近平同志为核心的党中央，把打赢脱贫攻坚战作为全面建成小康社会的底线任务和标志性指标，确定了精准扶贫精准脱贫的基本方略，全面打响脱贫攻坚战，全面开启中国反贫困斗争伟大决战时代画卷的一个瞬间。

---

① 殷洁、王丹：《非凡十年 云南答卷 | 历史性地解决了绝对贫困问题与全国同步全面建成小康社会》，《云南日报》2022 年 10 月 17 日。
② 周灿：《国务院新闻办在昆举行云南省脱贫攻坚新闻发布会》，云南网，2020 年 12 月 8 日。

这也是中国共产党向人民、向历史作出庄严承诺"坚决打赢脱贫攻坚战，确保到 2020 年，所有贫困地区和贫困人口一道迈入全面小康社会"[①]的一个缩影。

 横戈从百战，直为衔恩甚

云南省委、省政府牢记总书记的嘱托，向党中央、国务院立下"军令状"，把脱贫攻坚作为最大的政治任务、最大的历史使命、最大的民生工程、最大的发展机遇，回应全省各族人民的期待，带领全省人民致富奔小康，迎难而上、攻坚克难。从磅礴乌蒙到雪域高原，从革命老区到民族聚居地区，全省各族干部群众撸起袖子加油干，云岭大地处处掀起决战脱贫攻坚、推动跨越发展的热潮，"决不让一个兄弟民族掉队，决不让一个贫困地区落伍"的承诺响彻彩云之南的村村寨寨，也回响在阿昌族群众的生产生活中。

这是一场攻坚克难的持久战，也是奋进跨越的交响曲。习近平总书记说："完成脱贫攻坚任务，越到后来难度越大。要以精准扶贫、精准脱贫为主线，分类施策，真抓实干，吹糠见米，确保贫困人口如期实现脱贫。"[②]

昌乡新貌（供图：中共德宏州委宣传部）

① 习近平：《习近平谈治国理政（第二卷）》，外文出版社，2018，第 83 页。
② 《习近平 2017 年春节前夕赴河北张家口看望慰问基层干部群众时的讲话》，《人民日报》2017 年 1 月 25 日。

云南各族干部群众，在以习近平同志为核心的党中央的亲切关怀下，牢记嘱托、感恩奋进，认真贯彻落实习近平总书记关于扶贫工作的重要论述，以精准扶贫、精准脱贫基本方略为根本遵循，紧盯"两不愁三保障"持续发力，按照"六个精准""五个一批"要求，全面落实"省负总责、市县抓落实"工作机制。建立了组织动员、责任落实、政策支持、资金投入、合力攻坚、监督检查、考核评估的"七项体系"，构建了"专项扶贫、行业扶贫、社会扶贫"多方力量、多措并举的大扶贫格局，健全了"党政主责、部门同责、干部主帮、群众主体、社会参与"的体制机制，凝聚了全面打赢脱贫攻坚战澎湃伟力，以一仗接着一仗打，不破楼兰终不还的气概，谱写了脱贫攻坚的奋斗之歌。

上兵伐谋，谋定而后动

全省发挥各级党委总揽全局、协调各方作用，实行省、市、县、乡扶贫开发领导小组党政主要领导任组长的"双组长"负责制和行业部门"一把手"责任制，以"五级书记抓扶贫、党政同责促攻坚"搭建组织领导格局。省委书记、省长担任全省总指挥，建立落实"一月一分析、一月一研判、一月一调度"工作机制，建立条块结合的责任体系，实施要素资源全额保障，集中兵力打好深度贫困歼灭战。各级各行业扶贫主责部门每年签订脱贫攻坚责任书，

春耕仪式（摄影：张彤）

细化实化目标任务，层层立下"军令状"。创新实践行业扶贫定职责、定政策、定计划、定资金、定考核"五定"法，让"省负总责"既体现在组织领导上，也压实到各行业各部门。

 方略为要，一张蓝图干到底

云南牢牢把握"精准"这个核心要义，省级累计出台 277 项政策制度文件，紧扣"扶持谁""谁来扶""怎么扶""如何退"的工作逻辑，探索实践"六清"和"六定"，全省精准识别建档立卡贫困人口 189 万户 752.8 万人，全面做实122 个县（市、区）项目库、1312 个乡（镇）路线图、12137 个村施工图，形成了省、市、县、乡、村脱贫攻坚一盘棋、一本账，从根本上解决政策措施"一刀切"、工作落实"大呼隆"等问题。落实尽锐出战要求，全省累计派出 4.85 余万名第一书记，19.47 万名驻村工作队员；2.6 万个部门（单位）挂联 88 个贫困县、挂包 8502 个建档立卡贫困村，74.83 万名干部职工挂帮 187.17 万户建档立卡贫困户。[①]涌现出高德荣、朱有勇等脱贫攻坚"时代楷模"，104 名扶贫干部在扶贫征程中献出了自己宝贵的生命。广大基层扶贫干部用自己的辛勤耕耘、无私奉献，换来贫困群众的幸福生活。

 啃下"硬骨头"，先攻最难处

2016 年，制定实施"镇彝威"革命老区、怒江州、迪庆州、边境地区、"直过民族"脱贫攻坚五大行动计划，先行攻坚难点。出台《关于深入推进深度贫困地区脱贫攻坚的实施意见》，制定《云南省全力推进迪庆州怒江州深度贫困脱贫攻坚实施方案（2018—2020 年）》，统筹全省政治、经济、社会资源力量，聚力攻克深度贫困。省委书记、省长分别挂联属于"三区三州"的迪庆州、怒江州，挂包脱贫攻坚任务最重的镇雄县、会泽县。27 个深度贫困县一县一个省级领导挂联、一个重点任务清单"兜底"、一个监测体系跟踪，每县都有上海市或广东省的 1 个区县结对，3 个省直单位、1 家省属国有企业挂钩以及一支 5 人以上的驻村扶贫工作队。对 11 个"直过民族"和人口较少民族，创新"一个民族一个行动计划、一个民族一个集团帮扶"模式。2015 年以来，三峡集团、华能集团、大唐集团、云南烟草专卖局(公司)、云南中烟工业公司、招商局集团等企业集团，

① 张睿莲、杨润：《决不让一个兄弟民族掉队》，《今日民族》2021 年第 1 期。

累计到位帮扶资金 73.9 亿元，倾力参战、倾情帮扶、倾心支持。

 民族团结进步示范区建设与脱贫攻坚"双融合双促进"

脱贫攻坚的伟大征程中，省委、省政府按照习近平总书记作出的"全面小康一个民族都不能少"重要指示和对云南提出的"努力成为我国民族团结进步示范区"要求，制定《云南省建设我国民族团结进步示范区规划（2016—2020 年）》和实施《云南省民族团结进步示范区建设"十县百乡千村万户示范创建工程"三年行动计划（2016—2018 年）》等政策措施，统筹推进民族聚居地区脱贫攻坚与民族团结进步创建工作。始终坚持"在云南，不谋民族工作就不足以谋全局"，坚持"各民族都是一家人，一家人都要过上好日子"，把发展作为促进民族团结进步的总钥匙，紧紧围绕少数民族和民族聚居地区精准脱贫、同步全面建成小康社会和建设民族团结进步示范区的目标要求，促进各族群众增收致富，增强群众的获得感、幸福感。对"直过民族"、人口较少民族聚居的 1179 个行政村进行整村推进、整族帮扶，把全国"三州三区"深度贫困地区中的怒江傈僳族自治州和迪庆藏族自治州作为扶持少数民族和民族聚居地区发展的头等大事和第一民生工程来抓，对两州的项目资金补助标准按其他地区的 1.5 倍安排补助资金，继续协同配合省教育厅等部门率先在迪庆、怒江两州实施 14 年免费教育……云南坚持把民族团结作为生命线来守护，在发展中不断铸牢中华民族共同体意识，各民族就像石榴籽一样紧紧抱在一起，民族团结进步之花灿烂绽放在云岭大地。

 让资金发挥最大效能

坚持把脱贫攻坚作为财政优先保障的重点，实行加强保障与加强监管同步，充分赋权与精准使用同向，绩效考评和审计监督并举。省级财政专项扶贫资金从 2015 年的 13.5 亿元增加到 2019 年的 63 亿元，年均增长 47%，累计达 183.28 亿元；2016 年至 2019 年，全省累计整合中央和省级涉农资金（含财政专项扶贫资金）1400 多亿元，确保足够的"真金白银"支持脱贫攻坚。

 上下同心，其利断金

以大扶贫格局为依托，充分发挥党的政治优势、制度优势，多方协调、全面对接，推动各种资源、各方力量向云南脱贫攻坚前线聚焦集结。上海市和广东省倾力开展智力帮扶，投入财政援助资金 88.69 亿元，实施帮扶项目 4127 个，

带动建档立卡贫困人口 125.66 万人。全面开展"携手奔小康"活动，88 个贫困县分别与上海市 15 个区和广东省珠海、中山、东莞 3 市建立结对帮扶关系，无数的贫困乡镇、村寨、家庭与帮扶省份和单位形成结对帮扶关系。联结起东西部扶贫协作的浓浓情谊，书写出山海牵手的情深意重。2016 年至 2019 年，两省累计直接投入帮扶资金 25.92 亿元，引进帮扶资金 57.83 亿元。4888 家企业、商会参与"万企帮万村"精准扶贫行动，累计投入帮扶资金 61.41 亿元。以消费扶贫机制创新为着力点，深入推进"互联网 +"精准社会扶贫。通过"以茶为媒·精准扶贫——'10·17'扶贫茶助推脱贫攻坚"全国公益活动，通过组织"拼多多"与定点扶贫单位、贫困县签订消费扶贫三方协议，推动政策、资源、市场聚合聚变，逐步搭建起人皆愿为、人人皆可为、人人皆能为的社会消费扶贫平台。

严格监督考评，扎紧制度的笼子

建立健全多方用力、同向发力的监督考评工作机制，全力确保扶贫工作务实、脱贫过程扎实、脱贫结果真实。省委把脱贫攻坚考核纳入全省综合考评的重要内容，逐步建立省对州（市）、县（市、区）、行业扶贫、定点扶贫、东西部扶贫协作的考核管理机制和贫困退出工作机制。把脱贫攻坚工作纳入巡视必查重点内容，实现 88 个贫困县巡视全覆盖。实行省级行业主管部门、挂包部门与州、市、县捆绑考核，既追究主体责任，也追究连带责任。综合运用通报、约谈、问责、组织调整等方式，立起脱贫攻坚必须全面从严从实的鲜明导向。省政府发挥审计监督作用，对贫困县进行全覆盖审计。省纪委、省监委建立健全扶贫领域监督执纪问责 5 项机制和贫困县纪委书记工作例会，定期通报"白榜""红榜"等制度。省人大扶贫开发执法检查、省政协专题协商议政、8 个民主党派省委民主监督持续深入有效。

以先进典型为标杆，激发正能量

坚持在脱贫攻坚一线考察识别干部，2019 年提拔贫困县党政正职 11 名、乡镇党政正职 61 名，累计分别达 21 名、128 名，提拔使用脱贫攻坚一线工作实绩突出的干部 4641 人，是上年的 5.6 倍。做实对脱贫攻坚一线干部的教育培训，加强对脱贫攻坚一线干部的关心关爱，落实脱贫攻坚荣誉表彰制度，多措并举，保护和激发扶贫干部"跨越发展、争创一流；比学赶超、奋勇争先"精神。

春天的阿昌村寨（供图：中共德宏州委宣传部）

 脱贫攻坚拔穷根，同步小康谱新篇

从 2015 年至 2019 年，全省"两不愁三保障"突出问题基本解决，613.8 万建档立卡贫困人口摆脱贫困，年均减贫超过 120 万人，贫困发生率从 2014 年的 17.09% 下降到 2019 年的 1.32%，8073 个贫困村出列，88 个贫困县全部脱贫摘帽。2015 年至 2019 年，全省贫困地区农民人均可支配收入由 7070 元增长到 10771 元，年均增长 11.1%。"直过民族"聚居区实现社会形态和物质形态"两个千年跨越"，9 个"直过民族"和人口较少民族已经整体脱贫。全省脱贫攻坚工作取得决定性胜利，做到了一个贫困群众不落下、一个少数民族不掉队，兑现了初心与承诺。

云南脱贫攻坚战是中国共产党领导中国人民向贫困宣战的一个重要缩影。在脱贫攻坚生动实践中，我们深刻地感受到，这场伟大战役，集中展现了习近平总书记和党中央坚持以人民为中心的执政理念和坚定信念，充分印证了中国共产党无比坚强的领导力和强大的组织动员力，充分彰显了中国特色社会主义制度集中力量办大事的显著优势，充分体现了社会主义大家庭的温暖和中华民族手足相亲、守望相助的团结伟力。阿昌群众，也在党的光辉照耀下、在脱贫攻坚的历史中，迎来了幸福的生活！

阿昌巨变

阿昌族男子（摄影：张有林）

阿昌族是我国具有悠久历史的少数民族之一，史籍称其先民为"寻传蛮""峨昌"等，他们自称"蒙撒""蒙撒掸""汉撒"等。"阿昌"是中华人民共和国成立后统一使用的名称。阿昌族是中国 28 个人口较少民族之一，也是云南特有 7 个人口较少民族之一，主要聚居在德宏州梁河县曩宋乡、九保乡，陇川县户撒乡和芒市江东乡，也是云南省特有的跨境而居的少数民族之一。2014 年底，全国阿昌族总人口达 39555 人，人口总数排在全国 56 个民族中的第 40 位。①

从古代文献和亲属语言关系及其发展来探寻，阿昌族源于青藏高原的古代氐羌族群，在历史发展中逐渐南迁到西南地区。②现在阿昌族主要分布于云南省德宏州陇川县户撒阿昌族乡，梁河县曩宋阿昌族乡、九保阿昌族乡，同时在保山腾冲市、龙陵县和大理云龙县也有阿昌族群众居住。历史上，阿昌族先民很早就开始了农业生产活动，如种植水稻、烟草、茶叶等。然而，由于受到封建领主等层层剥削，再加上生产技术落后，阿昌族群众长期过着衣不遮体、食不果腹的生活。"土地改革前，户腊撒阿昌族的社会生产方式主要是封建地主经济占统治地位的农业经济。阿昌族人民长期受封建地主经济的束缚生活极端贫困。"③

"翻身作主人"

1949 年 10 月 1 日，中华人民共和国成立，1950 年 2 月云南全境解放，中国人民解放军进驻阿昌族聚居地德宏地区。包括阿昌族在内的云南各族人民从此真正"翻身作主人"，行使起当家作主的权利，和其他各民族一起投身于建设社会主义国家的征途中。1953 年 7 月，党和政府将德宏地区设置为德宏傣族景颇族自治区（1956 年根据《中华人民共和国宪法》改为自治州），阿昌族的 3 名代表

9

① 胡红斌：《公共基础设施建设是阿昌族地区脱贫攻坚的重要基石》，《现代经济信息》2016 年第 15 期。

② 赵家培、段蕙兰：《当代云南阿昌族简史》，云南人民出版社，2011，第 3 页。

③ 云南省编辑委员会：《阿昌族社会历史调查》，民族出版社，2009，第 4 页。

被选为自治州人民委员会委员。1953年至1954年，党和政府先后在潞西（今芒市）的高埂田、梁河县的丙介和关璋建立了3个阿昌族乡。阿昌族聚居地区的教育、交通、医疗卫生等各项事业建设在党和政府的支持下几乎是从无到有地蓬勃发展起来。

但是，由于历史负担太重，阿昌族在中华人民共和国成立后也存在"虽然生产资料的占有形式发生了改变，但许多民族的生产力水平依然低下，社会分工和商品经济不发达。从自然经济向市场经济转化以及传统农业向现代农业转化过程中，人口较少民族在思维方式、心理素质、应变能力上显得极不适应，并导致市场适应能力差、自我发展潜力低、发展速度慢"①的客观现实。党根据阿昌族的社会特点和边疆的具体情况，自1955年秋开始，在阿昌族地区开展和平协商土地改革运动，彻底废除了封建土地所有制。领主、地主的特权、杂派、高利贷等也一并废除。束缚在阿昌族同胞身上的封建枷锁被彻底砸烂，阿昌族同胞彻底站了起来，生产力得到极大解放。

中国成长的过程中，阿昌族人也和全国同胞一起享受着社会主义建设的红利。阿昌族同胞以勤劳著称，农业生产上，居住在坝区的阿昌族还掌握了一年两熟的"双季稻"种植技术，梁河坝区特产的一种水稻"毫安公"，曾号称"水稻之王"。但在中华人民共和国成立前，广大的阿昌族人民却长期吃不上自己生产的优质大米，过着饥寒交迫的生活。中华人民共和国成立后，解放了的阿昌族人民才真正成为"水稻之王"的主人。

巨变缩影

梁河县遮岛人民公社丙介大队就是巨变的一个缩影。中华人民共和国成立前，全大队85%以上的人家靠砍柴、割马草、卖工度日，生活苦不堪言。中华人民共和国成立之后，大伙摆脱了剥削、压迫，日子终于有了盼头。

随后，全国积极推进的农业生产合作化春风也吹进了这个西南边陲的小村，使得小村的生产水平更上一层楼。他们依靠集体力量，生产全面发展，一跃成为县、州和省的农业先进单位。公社化以后，他们大搞水利建设，把"三晴两雨收一点，一遇干旱就荒田"的望天田改造为旱涝保收的保水田。还修建了小型水力发电站，配备了拖拉机、碾米机、柴油机、打谷机、扬场机等，初步改变了过去

---

① 耿新：《精准扶贫的差别化政策研究——以扶持人口较少民族发展为例》，《中国农业大学学报（社会科学版）》2017年第5期。

农业生产全靠体力劳动的局面。

1956 年，梁河县关璋、丙盖等阿昌族村寨合作社建社当年，农业生产就获得丰收。同年，梁河全县缺粮的历史被画上了句号，阿昌族农民第一次告别了"半年糠菜半年粮"的贫困状态。这一时期，"由于手工业发展，出现了本民族自己的交换市场，在阿昌族中，还有不少人从事季节性商业活动。其经营方式多为去缅甸购运盐巴、煤油、铁及其他生活日用品来国内市场出卖。另外，也有将本区之土特产品如草烟、铁质农具等运往附近各县的市场上销售，出卖后再由各县运回粮食等物在本区市场经营。但从事经商者的家庭大多数成员仍未完全脱离农业"①。

 新的机遇

改革开放以来，社会主义现代化建设获得新的机遇。阿昌族群众也积极响应国家的号召，参加到了以家庭联产承包责任制为主的农村经济体制改革中。从1980 年起，阿昌族地区开始实施家庭联产承包责任制，并从实际出发积极调整产业结构，促进农业生产发展。1992 年，户撒乡以发展烤烟作为经济发展的起点。1997 年起，又推广高产新品种"大油菜"，平均每户可增加纯收入 1000 ~ 1500 元。2005 年，户撒全乡种植油菜面积达 34000 亩②，成为陇川县的优质稻米、优质油料作物基地，也是德宏州的草果、板栗之乡。③历史上梁河阿昌族种植的稻谷虽然质量优良，但是产量不稳定，再加上一些天灾人祸的因素，导致阿昌族群众时常缺粮。1980 年以后，梁河县阿昌族在人多地少居住分散的情况下，因地制宜，逐步完善实行以粮为纲，坝区以甘蔗为主，山区以茶为主，根据各个村寨自然地理条件，实行多种经营全面发展的方针。在山区、半山区走科学种田之路，推广"杂交水稻""杂交苞谷"，并实行多种经营，村民们逐步脱贫致富。

 "户撒刀"恢复青春

户撒的阿昌族人民打铁、制刀的技术很高，打制的铁器经久耐用。特别是长刀、尖刀、砍刀、菜刀、剪刀、锯齿镰刀等，不但经久耐用而且锋利美观，以"户撒刀"著称于世，颇为附近傣族、汉族、景颇族、德昂族等各族人民所喜好。他们生产的长刀还远销怒江的傈僳族、临沧的佤族、迪庆的藏族等的分布地区和

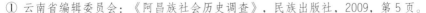

① 云南省编辑委员会：《阿昌族社会历史调查》，民族出版社，2009，第 5 页。
② 亩：土地面积单位（非法定），1 亩 ≈ 666.67 平方米，全书特此说明。
③ 《中国少数民族》修订编辑委员会：《中国少数民族》，民族出版社，2009，第 578 页。

中国的邻邦——缅甸。过去由于原料缺乏、重税盘剥、个体经营、自产自销，不仅铁器产量低，而且匠人需要走乡串寨，这就容易误了农事节令，影响农业生产。

不少阿昌族的能工巧匠在失业和饥饿的威胁下，流离失所，锻刀技艺传承出现巨大危机。中华人民共和国成立后，这种传统的打铁手工业才有所发展。由于国家扶持、集体经营，铁器生产日益兴盛，"户撒刀"恢复了它的青春。1954年，户撒阿昌族成立第一个打铁生产合作社，他们为附近傣族、景颇族、傈僳族、德昂族、汉族等民族人民提供了各种农具、刀具，产品品种已增加到50余种、120多个花色。①户撒公社每个大队几乎都有十余或二十多座打铁炉，有的队打铁收入占总收入的将近一半。他们利用手工业的收入，兴修水利，购买机械化农具，进一步促进了农业生产，也提高了社员生活水平。改革开放以来，国家下拨了民族用品补助经费，购置了机械设备。2000年，除县、乡两个刀具厂外，户撒乡从事制铁加工的农户有500余户，1000余人，年产量达到6万多件。2003年，国家又投入5万元扶持部分制作户购买机械设备，改变了过去全部用

户撒刀（摄影：张彤）

---

① 《中国少数民族》修订编辑委员会：《中国少数民族》，民族出版社，2009，第579页。

手工操作的方式。户撒刀曾多次在国内获奖，产品远销西藏、甘肃、青海、内蒙古、四川等少数民族省区及东南亚国家。

因为户撒刀，阿昌族还编创出独具特色的"刀舞"。刀舞形式和种类很多，在举行民俗活动的时候，有群体表现型的"大刀舞"，其动作内容丰富且层次多样，表现形式也有非常强的冲击力和感染力。当有大规模的多人舞蹈时，一般都有一个领头人来带领大家一起跳，其优美的姿态、分明的节奏、整齐的动作、灵活多变的步法、轻盈的舞姿，使大刀舞不仅具有很高的舞蹈美学欣赏价值，而且也是很好的体育表演项目。

 大步向前

随着国家经济建设成果日渐丰富，党和国家也加大了对少数民族贫困地区的扶贫力度，阿昌族聚居地区也因此受益发展加快。如梁河县，在1986年就得到了国家支持不发达地区的第一笔发展资金60万元。1993年至1996年，得到"以工代赈"资金，用于4个山区乡的扶贫工作。1996年至2000年，国家实施"九五扶贫攻坚"计划，杞木寨乡阿昌族聚居的湾中村被列为省级帮扶村；关璋等3个阿昌族村被列为"县级扶贫攻坚村"，每村每年得到2万元扶贫资金。有关部门还实施"小额信贷""交通扶贫""畜牧扶贫""教育扶贫"等项目，改善阿

做传统手工艺的阿昌族妇女（供图：中共德宏州委宣传部）

昌族人民的生产生活条件。省、州、县各级党政部门派出扶贫工作队深入阿昌族村寨,采取挂钩扶贫的方式帮助农户。2001年,陇川县户撒阿昌族乡与梁河县曩宋阿昌族乡分别得到云南省"特困民族乡综合扶贫开发项目"专项扶贫资金各400万元。项目涉及基础设施、农田改造、乡村能源、安居工程、种植与养殖开发、人畜饮水、科技培训、教育扶贫、卫生事业扶贫等。综合扶贫项目的实施,促进了阿昌族民族乡在农业、经济、文化、教育、科技、卫生等方面的发展。在2005年5月18日温家宝总理主持的国务院常务会议上,讨论并原则上通过了作为国家"十一五"专项规划之一的《扶持人口较少民族发展规划(2005—2010年)》,这一规划以全国22个人口较少民族聚居地区的人畜饮水、交通、电力、广播电视、安居、农田等基础设施建设和发展科教文卫等社会事业,以及加大人才培训力度、科普工作等方面为工作重点,通过5年左右的努力,使这些

户撒坝子(摄影:张彤)

人口较少民族的发展达到当地中等或中等以上水平。[①]2005年,阿昌族所居住的陇川、梁河2县3个民族乡经济总收入10291.74万元,比1995年增长49.9%;粮食总产量24306吨,比1995年增长28.26%。农林牧渔总产值达9219.24万元,肉类总产量达8707.1吨,极大地丰富了人民的生活物资;人均纯收入951元,

---

① 中共云南省委宣传部、云南省社会科学院:《边疆人民心向党》,云南人民出版社,2021,第155页。

比 1995 年增长 265 元。腾冲通过扶贫项目实施，阿昌族地区人民生产生活条件明显改善，发展后劲不断增强，生活水平显著提高，农民人均纯收入从 2010 年的 2178 元提高到 2014 年的 5132 元；龙陵通过扶贫项目实施，阿昌族所在的龙山镇芒麦村 2013 年人均纯收入达 5584 元。①

 "整族脱贫"

党的十八大以来，以习近平同志为核心的党中央，把脱贫攻坚作为全面建成小康社会的底线任务和标志性指标，在全国范围打响了脱贫攻坚战。脱贫攻坚力度之大、规模之广、影响之深，前所未有。

习近平总书记十分关注少数民族的脱贫工作。2013 年 11 月，习近平总书记在湖南湘西首次提出了"精准扶贫理论"。精准扶贫最基本要义是实事求是、因地制宜、因户施策，关键是实现从"大水漫灌"到"精准滴灌"。2015 年，习近平总书记提出的"四个一批"的分批分类扶贫理念是精准扶贫思想的基础工具。28 个人口较少民族的差异化、多样化特征决定了应根据不同民族、不同地区的实际情况来实施差别化扶持。差别化政策意味着在制定政策时，必须按不同类别进行分类扶持，必须坚持因族举措、因地制宜、因时施策。2015 年 1 月 29 日，在国家民委《民族工作简报》第 6 期《"中国扶贫开发第一村"福建宁德市赤溪畲族村各族群众全面迈入小康生活》上的批示表明，全面实现小康，少数民族一个都不能少，一个都不能掉队。要以时不我待的担当精神，创新工作思路，加大扶持力度，因地制宜，精准发力，确保如期啃下少数民族脱贫这块硬骨头，确保各族群众如期实现全面小康。

2015 年 11 月 27 日至 28 日，中央扶贫开发工作会议在北京召开。这次中央扶贫开发工作会议是党的十八届五中全会后召开的第一个中央工作会议，体现了党中央对扶贫开发工作的高度重视。会议的主要任务是，贯彻落实党的十八届五中全会精神，分析全面建成小康社会进入决胜阶段脱贫攻坚面临的形势和任务，对当前和今后一个时期脱贫攻坚任务作出部署，动员全党全国全社会力量，齐心协力打赢脱贫攻坚战。

会议期间，中西部 22 个省（区、市）党政主要负责同志向中央签署了脱贫攻坚责任书。会议结束次日，中共中央、国务院印发《关于打赢脱贫攻坚战的决定》，明确到 2020 年，确保我国现行标准下农村贫困人口实现脱贫，贫困县全部摘帽，解决区域性整体贫困。

① 魏建华：《保山人口较少民族扶贫效益及问题研究》，《保山学院学报》2017 年第 3 期。

就云南来说，云南有 25 个世居少数民族，其中，有 15 个独有的少数民族，11 个"直过民族"和人口较少民族。这些民族普遍都生活在山区，生产生活条件都十分艰苦，要解决少数民族的脱贫问题必须采取一些超常规的做法。[①]

1. "两个措施"强帮扶

（1）"一个民族一个攻坚计划"。制定实施云南省全面打赢"直过民族"脱贫攻坚战行动计划，对 11 个"直过民族"和人口较少民族单独制定行动计划，一个民族一个策略，一个民族一个方案。

（2）"一个民族一个集团帮扶"。与中国长江三峡集团有限公司、中国华能集团有限公司、中国大唐集团有限公司、云南中烟工业有限责任公司、云南省烟草专卖局(公司)、招商局集团有限公司等企业集团一起研究，专门针对 11 个"直过民族"和人口较少民族进行帮扶。共投入集团帮扶资金 82.9 亿元，从提升能力素质、组织劳务输出、实施安居工程、培育特色产业、改善基础设施等方面持续发力，推动民族人口聚居区发生翻天覆地的变化。

2. "五个优先"强基础

（1）资源保障优先。整合 20 个行业部门项目资金 426 亿元，集中各方力量，推动项目落地，一个点一个点攻坚，一件事一件事办实。

（2）基础设施优先。在全省只能保证行政村道路硬化的情况下，云南对"直过民族"和沿边、抵边地区采取特殊措施，通到自然村，实施通村公路硬化，共建设村组道路 8444 千米。

（3）基本公共服务优先。在"直过民族"和人口较少民族聚居区，在办好义务教育的同时，加大学前教育和高中教育资助力度。经中央批准，云南在迪庆、怒江少数民族聚居地区实施 14 年免费教育。孩子们上学不仅不交学费、不交学杂费，在学校住宿也不交住宿费，现在还做到吃饭也不交钱，实现了贫困家庭学生有学上，没有因贫失学、辍学的现象。建设农村居家养老服务中心 194 个，社区卫生服务中心（所）、社区服务站 289 个，基本医疗、大病保险、医疗救助实现全覆盖，住院报销比例达到 90%，最大限度保障贫困群众看得起病。

（4）产业扶贫优先。在"直过民族"和人口较少民族聚居区，共扶持农业龙头企业 164 个，培育农村专业合作组织 670 个，培育特色农户 1755 户，发展经济作物、林果及林下产业种植 93.79 万亩。一批产业扶贫项目逐渐产生效益，

---

① 周灿：《国务院新闻办在云南昆明举办的云南省脱贫攻坚新闻发布会》，云南网，2020 年 12 月 8 日。

集体经济稳步发展。

（5）就业保障优先。实施技能专项扶贫行动，开展就业培训 18.43 万人次，转移就业 12.41 万人，优先安排护林员、护路员、保洁员等公益岗位。

3."智志双扶"强动力

针对 7.4 万名"直过民族"和人口较少民族人口不会讲普通话，专门开发 APP，连同手机一起派送，开展讲普通话和识国家通用文字培训。教育引导贫困群众转变思想观念，抵制陈规陋习，树立主体意识，发扬自力更生精神。云南少数民族聚居地区发生了翻天覆地的变化，各民族精神面貌焕然一新。

阿昌族群众脱贫攻坚的历程，也是对以上特殊政策的印证。以阿昌族主要聚居地德宏州为例，2014 年年末，德宏州阿昌族地区建档立卡贫困人口达 4187 人，贫困发生率达 13.6%，远高于同时期全国贫困发生率 5.1 个百分点。[1]五年后的 2019 年年末，德宏州阿昌族贫困发生率下降至 0.53%，实现了整族脱贫。[2]

这一次更大的飞跃起于 2015 年 7 月，云南省在德宏州启动阿昌族整乡推进整族帮扶项目，德宏州与云南省烟草专卖局（公司）计划通过三年时间，投入 10 亿元帮扶资金，实施"产业增收、基础设施、民居保障、综合推进"四大工程，对陇川县户撒乡、梁河县九保乡和曩宋乡 3 个阿昌族民族乡实施整乡推进整族帮扶。

在党和政府的正确领导下，在相关帮扶单位、驻村工作队以及阿昌族同胞的共同努力下，2019 年 4 月 30 日，云南省人民政府批准阿昌族主要聚居地之一的陇川县退出贫困县序列。2020 年 5 月 17 日，云南省政府发布通知正式批准 31 个县（市、区）退出贫困县序列，另一个阿昌族主要聚居地梁河县在列。至此，阿昌族同胞实现了"整族脱贫"的壮举，阿昌族的幸福生活，像花儿一样绚烂绽放！

2021 年 8 月，习近平总书记在给云南省沧源佤族自治县边境村老支书们的回信中指出，脱贫是迈向幸福生活的重要一步，我们要继续抓好乡村振兴、兴边富民，促进各族群众共同富裕，促进边疆繁荣稳定。这为阿昌族下一步更加幸福的生活指明了方向。是的，中华民族一家亲，同心共筑中国梦，幸福的阿昌，一定紧跟共产党，朝着中国式现代化的目标，昂首阔步向前进！

---

① 杨海东、杨会仙：《阿昌族聚居地区特色农业发展路径探析——以云南省阿昌族聚居地 H 乡为例》，《农村经济与科技》2017 年第 21 期。

② 《德宏：4 个"直过民族"和"人口较少民族"整族脱贫》，云南网，2020 年 10 月 26 日。

阿昌族妇女在一起（摄影：张有林）

 幸福阿昌心向党

中华民族是一个大家庭，一家人都要过上好日子。没有民族地区的全面小康和现代化，就没有全国的全面小康和现代化。党的领导是中国脱贫攻坚的最大优势，脱贫攻坚离不开各级党委、政府的组织保障和坚强领导，这是中国特色社会主义制度的特色，也是我国脱贫攻坚的一大特色。

中国共产党人的初心和使命，就是为中国人民谋幸福，为中华民族谋复兴。消除贫困、改善民生、逐步实现共同富裕，是社会主义的本质要求。这样的初心和使命，促使我们党带领全国人民向着脱贫攻坚目标一茬接着一茬干、一棒接着一棒跑，持续推进、久久为功。国家先后实施《国家八七扶贫攻坚计划（1994—2000 年）》《中国农村扶贫开发纲要（2001—2010 年）》《中国农村扶贫开发纲要（2011—2020 年）》等。2015 年，中央召开扶贫开发工作会议，作出打赢脱贫攻坚战的决定。2016 年，国家制定"十三五"脱贫攻坚规划。为了让中国

人民过上幸福生活，中国共产党持续开展扶贫行动，不获全胜决不收兵！

习近平总书记指出："抓好党建促扶贫，是贫困地区脱贫致富的重要经验。要把扶贫开发同基层组织建设有机结合起来，抓好以村党组织为核心的村级组织配套建设，把基层党组织建设成为带领乡亲们脱贫致富、维护农村稳定的坚强领导核心，发展经济、改善民生，建设服务型党支部，寓管理于服务之中，真正发挥战斗堡垒作用。"[1]党建扶贫是一种具有中国特色的扶贫方式，能够充分发挥党组织的政治优势和组织优势，为全面打赢脱贫攻坚战提供强有力的保证。在阿昌族人民的脱贫攻坚战中，党组织充分发挥先锋带头作用，体现了我们制度的先进性。

幸福阿昌（摄影：张鹏）

反贫困事业历来是困扰中华民族的一个难题，对于长期生活在边疆山区的阿昌族来说，顺利将反贫困事业推进更是难上加难。即使这样，中国共产党依然对阿昌族的反贫困事业倾注了极大心力，中国共产党人的初心和使命为脱贫攻坚提供了源源不断的动力。在不同地域阿昌族群众脱贫致富的故事中，发生着许许多多党建引领脱贫的动人事迹。

① 中共中央党史和文献研究院：《习近平扶贫论述摘编》，中央文献出版社，2018，第33页。

芒麦村属保山市龙陵县，地处腾冲、龙陵、芒市、梁河4县（市）的交界处，距龙陵县城50多千米，最高海拔1660米，最低海拔920米，域内地形崎岖起伏，立体气候明显，全村国土总面积31.7平方千米，水田1283亩，旱（水浇）地2965亩，林地34600亩，林地果园56亩，荒山荒坡158亩，是典型的山区农业村。辖区内居住着汉族和阿昌族两个民族，有15个村民小组1034户2876人，其中阿昌族村民小组5个199户827人，占全村总人口的29%。芒麦村党总支下设4个支部共有党员81名，其中妇女党员17名，少数民族党员25名，占全村党员的31%。

长期以来，芒麦村发展缓慢，基础设施建设落后，村民人均收入不高。在这样的形势下统筹推进乡村振兴、脱贫攻坚等重点工作，芒麦村的根本对策是着力加强基层党建，充分发挥基层党组织战斗堡垒作用。芒麦村党总支牢固树立"抓好党建是本职，不抓党建是失职，抓不好党建是不称职"的理念，以基层党建重点任务为载体，着力构建党建引领工作新机制。力求使基层党组织真正成为服务群众的主阵地、凝聚人心的主渠道、加快改革发展的主力军。

芒麦村党总支坚持把学习贯彻习近平新时代中国特色社会主义思想作为首要政治任务，牢牢把握"守初心、担使命，找差距、抓落实"的总要求，从严推进"不忘初心、牢记使命"主题教育。充分利用"三会一课""两学一做"开展习近平新时代中国特色社会主义思想理论教育，努力感党恩、听党话、跟党走，发挥党员先锋模范作用。党支部规范化建设全部创建达标。坚持严格标准建强组织，认真贯彻落实《中国共产党支部工作条例（试行）》，牢固树立一切工作到支部的鲜明导向，开展党支部规范化建设达标创建。

在工作开展中，芒麦村党总支坚持把"五个基本"作为主线贯穿始终，在2019年底所有党支部已实现创建达标，基层组织战斗力、凝聚力显著提升。基层党组织进一步强化。全面巩固好基层党建和脱贫攻坚"双推进"，做好易地扶贫搬迁安置点党组织建设，探索实施"村级青年后备干部培养工程"，深入开展规范和优化党员发展、宗教势力干扰侵蚀基层党组织和党员信教问题等专项整治，全面推进基层党组织建设。芒麦村党员全部参加过"万名党员进党校·善洲故里先锋行"；开展好"智慧党建"，用活党员信息化远程教育平台、云南基层综合服务平台、"云岭先锋"APP、"学习强国"APP。意识形态工作牢牢掌控。强调意识形态工作的极端重要性，严格落实意识形态工作责任制，强化党对意识形态工作的领导，坚持正面宣传，树立起大宣传的工作理念。

在党建脱贫的旗帜下，相关帮扶部门也积极行动起来，龙陵县林业局党委和芒麦村党总支围绕"党建联抓、扶贫联推"思路，积极引导党委党员与贫困村党员（贫困户）结成对子，找准脱贫致富路子。

1. 组织联建"强班子"

党的领导和党的建设是打好打赢脱贫攻坚战的根本组织保障。林业局党委和芒麦村党总支积极探索创立组织联建强班子、党建联动强队伍、阵地联用强服务、人才联享强知识的"四联"党建模式，采取"1+1"或"1+N"支部共建方式强化班子建设，着力提高基层党支部的组织力，把基层党支部资源转化为推动脱贫攻坚工作的活力和动力。另外，林业局党委选派政治立场坚定且敢于担当、责任心强的党员担任芒麦村第一书记，并分期分批选派党员干部驻村开展"组织联建强班子"活动，充分发挥基层党组织在脱贫攻坚工作中战斗堡垒作用。2018年以来，林业系统11个党支部与芒麦村3个党支部联合开展以脱贫攻坚为主题的"组织联建强班子"活动33批次，参加活动党员达2800余人次；帮助挂钩村梳理、编辑和制作党建、扶贫方面的展板8块；提升改造村级党员活动场所2个。

2. 党员联动"结对子"

林业系统122名党员与芒麦村74名党员结对子，以"党员日+""三会一课"等为载体，按照"党员联管、资源联用"的原则，定期或不定期地联合开展"四讲五同"活动（党员"讲"党课、党员"讲"扶贫、党员"讲"技术、党员"讲"感恩；同开展党员日活动、同开展党员脱贫文艺会演活动、同开展党员大扫除活动、同开展党员送温暖活动、同开展党员爱心捐助活动）。结对这些年来，联合开展党员"四讲"活动25场次、1600多人次受训，开展党员"五同"活动18次，活动中共清运垃圾280余吨、发放价值10余万元慰问品和募捐爱心资金30余万元。

3. 扶贫联推"找路子"

林业局党委和芒麦村党总支围绕"党建联抓、扶贫联推"思路，积极引导党委党员与贫困村党员（贫困户）结成对子，找准脱贫致富路子。在各级党组织引领下和广大党员结对帮扶下，芒麦村脱贫攻坚工作取得长足发展。结对这些年来，全村共争取各类项目资金2080万元，完成村组道路硬化、农田灌溉沟渠修缮等基础设施建设45.12千米；实施农危改122户、易地搬迁100户；2017年以来，开展各类实用技术培训11期、1600多名贫困党员和贫困群众受训；核桃、

澳洲坚果和茶园的总种植规模分别达 1108.8 亩、790.4 亩和 931 亩。仅 2017 年，实现农业产值 69.86 万元，实现产业经济收入 143.57 万元。[①]2020 年，保山市发展改革委下达了龙陵县 2020 年度扶持人口较少民族发展专项中央预算内投资计划，共下达 13 个项目，中央预算内投资 2558 万元，专项支持龙山镇芒麦村阿昌族人口较少民族聚居地项目建设，主要包括基础设施、基本公共服务设施、生态环境保护和人居环境整治 4 个领域，极大推进了芒麦村的进一步建设。

可以看到，农村基层党建特别是贫困地区基层党建工作，绝不是凌空蹈虚的"虚应故事"，而是要依托党建，让基层党组织成为整合基层资源，汇集多方力量的重要平台。位于云南省德宏傣族景颇族自治州陇川县户撒乡的潘乐村芒孔、芒旦自然村，是两个纯阿昌族聚居村寨。在党建过程中，两村整合各方资源，改善生态环境，在让老百姓享有良好生态环境这一最普惠的民生福祉方面做出了积极的探索。

陇川县户撒乡潘乐村辖芒孔、芒旦 2 个自然村，现有农户 58 户 292 人，2 个小组设 1 个联合党支部，现有党员 9 人。近年来，面对乡村环境的脏、乱、差，居民整体生活品质难以提升等问题，乡党委、乡政府坚持突出党建引领，以规划为龙头，以提升环境为核心，充分发挥基层党组织在农村环境提升整治中的引领作用，紧紧围绕"党建＋村庄整治"思路，牢固树立人人都是环境卫生整治主人翁的意识，全面提升农村人居环境整治水平，发挥示范点辐射带动作用。同时，芒孔、芒旦党支部牢牢抓住党的帮扶政策，乘势而上，以强党建提升凝聚力，以共治理提升号召力，以美化村寨提升战斗力，在支部建设、乡村治理方面走出一条新路子，切实提高了村民的生活水平，提升了村民的幸福感和获得感。

让"主心骨"发挥好引领作用。在营造优质人居环境方面，芒孔、芒旦两村首先确立了支部书记要聚焦主责主业冲在第一线，自觉履行第一责任人职责，将支部建设与当前人居环境整治工作相结合，着力找出工作中的重点、难点，持续深化党组织在推进绿色发展中的战斗堡垒作用。结合党组织和党员双承诺、践诺，将环境整治纳入承诺事项，动态设置了党员公开承诺纪实表，明确了专人记录，实行对账销号管理，党员履诺践诺情况将作为民主评议党员和星级创评的

---

① 郁云江、寸德仓：《支部共建 党员帮扶 龙陵县林业局和芒麦村党建扶贫双推进》，龙陵政府网，2018 年 12 月 1 日。

重要依据，确保党员守好"责任田"。其后，两村以村党支部为单位，积极组织开展美丽庭院、环境卫生星级农户评选活动，通过"群众评、评群众"的自治模式，提高群众参与整治的荣誉感；与群众签订门前卫生"三包"责任状，推动农村环境整治工作常态化开展，打好了党建统领人居环境整治的"组合拳"。

两村还探索建立了一套"党组织＋党员＋群众"共谋、共建机制，动员村民投身美丽家园建设，保障村民决策权、参与权、监督权。动员村务积极分子、妇女、群团组织、志愿服务队伍协同发力。将人居环境有关倡议纳入村规民约，强化村民环境卫生意识，激发群众参与村庄人居环境整治的内生动力。

党员示范引领，争当"排头兵"。一名党员就是一面旗帜。全村坚持把环境卫生集中攻坚作为锤炼党性的必修课堂。党员干部充分发挥"排头兵""领头雁"作用，做到"工作开展到哪里，党旗就插在哪里"。通过"党建＋责任划分"，实现合理分工，让党员上门入户开展宣传动员，全面推进农村"七改三清"工作治理。芒孔、芒旦村小组共有58户292人，按照党员分布情况，将党员划分成9个网格责任区，充分发挥党员的先锋模范作用，带头主动推进"农村人居环境整治示范村"建设，平均每个责任区有6户，并由户主签订"门前三包责任书"，做到责任到户、分类指导，将重点路段养护和垃圾打扫清运、农村生活污水治理、垃圾分类作为常态，将厕所改革、污水处理等22项责任清单作为重点任务，全力提升农村人居环境整治工作。

依托"主题党日"，集中开展"亮身份、当先锋、树形象"活动，带头宣传发动、带头参与清洁行动、带头完成任务，做到"自身清、身边清"，2023年以来，开展大规模环境整治行动5场次，参与整治行动的干群达到545人次，动用垃圾清运车辆10台，清运垃圾15吨。开展"党建＋活动"，建立长效机制，着力提升村容村貌。提升环境卫生整治从娃娃抓起，由党总支牵头，小学联合党支部、芒孔芒旦联合党支部组织学生义务劳动，按时召开"村校联建"主题党日活动，并结合"三会一课"、党员积分管理、民主评议党员等党内生活制度，积极营造环境卫生整治氛围，丰富党员主题活动之余更能使全体党员亮身份、领责任、展风采、争先锋，充分发挥党员的示范带动作用，坚持长期有效、自觉爱护环境，建设和谐美丽、健康、宜居的芒孔、芒旦自然村。

群策群力，善行义举共绘美丽乡村新篇章。家园的景最美，故乡的情最真。"绿水青山就是金山银山"，两村紧紧围绕这个重要论述加紧开展美丽乡村建设，科学调整工作思路，统筹推进乡村绿化，因地制宜搞好村旁、宅旁、水旁、路旁"四

旁"绿化，着力打造人与自然和谐共生的美丽乡村。2022年5月，在挂钩单位德宏州委老干部局的支持下，在养护好原有绿植的基础上，增栽梨树450棵、桃树200棵，安排党员定期管理，大家翘首企盼"待到明年春来日，千树万树桃梨开"的美丽景象。

头雁领航才能群雁齐飞，芒孔芒旦联合党支部不断保持"固根基、扬优势、补短板、强弱项"的良好态势，以点带面稳步提升乡村治理水平，推动党建引领与村庄治理深度融合、有效衔接。通过对村庄治理的不断探索，芒孔、芒旦村小组呈现出乡村发展充满活力，村容村貌整洁优美，社会秩序良好的和谐态势。

的确，基层党建工作不能脱离脱贫攻坚的具体实践而孤立存在，否则就会成为无源之水，无本之木。由此，农村基层组织要结合各项惠民纾困政策的落实，将党的意志通过正确、适宜的途径落实到群众脱贫工作实际之中；要结合文明乡村建设，扎实开展新时代文明实践活动，牢固确立党的声音在农村舆论场中的主体主导作用；要结合乡村致富带头人选育，切实加强入党积极分子培养工作，不断夯实党在农村的组织基础；要坚决克服各种形式主义的沉疴痼疾，以务实的思路，求实的手段，扎实的作为引领贫困地区党建工作不断走深走实。

九保阿昌族乡荒田村是一个阿昌族聚居村落，近年来，荒田村村民小组按照新农村建设要求，以"创先争优""基层组织建设年"等党建工作为载体，充分发挥党组织战斗堡垒作用，团结带领全村党员群众，锐意进取，努力拼搏，取得了物质文明、精神文明、政治文明协调发展的可喜局面，在脱贫攻坚战中打出了自己的风采。

在党建过程中，荒田村充分发挥党支部战斗堡垒作用，认真做好党员发展工作，确保党员队伍年轻化，使党组织更具战斗力；充分发挥党员先锋模范作用，鼓励村中党员致富能手积极带动群众发展生产；充分发挥村级组织作用，鼓励支持"妇女之家""民兵之家""老年协会""农村家长学校"开展活动，让他们真正成为党支部联系群众的桥梁和纽带。在党员同志积极推动村级组织充分发挥效能下，荒田村的乡亲们被充分调动起来。"妇女之家"积极协调家庭、邻里纠纷，组织各种活动，为促进良好家风、和谐村风的养成立下了汗马功劳。"民兵之家"积极进行国防宣传教育，鼓励适龄青年积极参军报国、磨炼自己。"老年协会"将村里老人集合起来，在闲暇之余组织他们学习一些老年健康知识，反电信、网络诈骗小妙招，偶尔还会请来乡上或城里的书法绘画老师进村教上几笔，丰富了农村老年人的生活。"农村家长学校"组织了各种讲座、视频会，

积极教育引导荒田村家长重家教、立家规、行家风，进一步提高本村家长对子女教育的关注程度以及教育子女的能力水平，更好地促进本村家庭的和睦，把本村家庭教育推向一个新高度，有助于促进荒田村关心下一代工作的良性发展。

基层党支部的战斗堡垒作用在这些活动中得到了充分发挥，乡亲们也打心眼里认同党建工作对改善乡村生活的重要意义，越发地团结在党组织周围，对脱贫攻坚工作的开展给予了极大支持。

对于荒田村党支部硬件设施不完善，活动开展不顺的问题，村党支部多方筹集资金30余万元，先后对党员活动室进行了修建，设立了会议室、读书阅览室、成果展览室，并将村民自治制度、党员发展制度、"三会一课"制度等规章制度上墙公开。对于软件方面的改进，荒田村党支部在深入调研的基础上，对不合时宜的制度进行修改，对缺乏的制度进行完善，使各项工作逐步走向制度化。共完善了党组织建设、党员定期培训、党员发展、完善学习议事、决策活动等党建制度8个，干部职工管理制度3个，全部做到制度上墙。每项制度有责任人，有监督人，有考核评比，并层层签订责任状。

"工欲善其事必先利其器"，对于党建工作这"事"来说，其"器"就是展开工作的硬件、软件。硬件、软件齐升级之后，荒田村党支部开展起工作来更加得心应手，为脱贫攻坚战的胜利打下了坚实的基础。

荒田村党支部始终把农村党员干部的教育培训作为提升党员综合素质的主要抓手，在内容上紧紧围绕党的发展史、社会主义市场经济、农村政策法规及绿色产业发展等内容展开，在效果上坚持"实际、实用、实效"的原则，在方法上采取集中培训、现场观摩、扶持到户等多种形式，提高了素质培训的质量和效果。近年来，荒田村共开展种植养殖农业实用技术培训10次，培训党员群众1000余人次，村班子成员、党员群众每人掌握了1~2门实用科技和经营管理知识。

为让干部群众全面、准确、及时掌握党的方针政策、重大会议精神、法律法规、规章制度，荒田村党支部要求每位支部委员分别深入田间地头、每家每户进行传达，并通过广播、板报、宣传栏和党员会、村民代表会等各种方式全方位宣传党的重大精神，做到党的精神入耳、入脑、入心。

脱贫攻坚过程中，荒田村党支部结合本村实际，因地制宜，突破发展瓶颈，理清发展思路，找准发展途径，带领阿昌族群众，围绕发展"八元"经济，调整农业产业结构，在农民增收上做文章，实现了产业升级，农民增收的目标。目前，全村共扶持发展生猪144头，大牲畜40头；种植白花油茶562亩，新植茶园500亩，

老茶园改造 200 亩；建成核桃等经济林果示范基地 300 亩。全村摆脱了无优势产业、无特色产业的落后面貌，老百姓的生活蒸蒸日上。

幸福的阿昌族人民（摄影：张彤）

在环境建设方面，荒田村党支部紧紧抢抓国家继续加大对人口较少民族聚居地区扶持发展的机遇，进一步改善人居环境。一是加强全村基础设施建设，实施了民房拆除重建 7 户、民房改造 14 户、新建民族文化活动室 1 个、产业绘画工程 1 件 18 幅、内外墙加固粉刷 16000 余平方米、发放庭院美化水泥 169 吨，完成了寨内 10 余千米巷道的硬化美化。二是加强环境卫生治理，要求家家户户建好猪圈牛栏，规范大牲畜圈养管理。制定了每月 3~4 次清理村寨环境卫生计划，村庄环境得到美化、净化、亮化、绿化，乡亲们的幸福感、获得感得到了极大提升。

翻天覆地的变化，日新月异的生活。在党的光辉照耀下，热情洋溢、勤劳勇敢的阿昌族，用他们独具特色的民族舞蹈"刀舞"，表达着对党的感恩，对新生活的歌颂。

26

看未来，征途漫漫，惟有奋斗。对中国共产党来说，全面建成小康社会只是新征程的集结号；对中华儿女而言，脱贫摘帽不是终点，而是新生活、新奋斗的起点。在党的领导下，我们没有任何理由骄傲自满、松劲歇脚，必须乘势而上、再接再厉、接续奋斗，发扬"上下同心、尽锐出战、精准务实、开拓创新、攻坚克难、不负人民"的脱贫攻坚精神，努力绘就乡村振兴的壮美画卷，朝着共同富裕的目标稳步前行，让阿昌族兄弟也和全国各族儿女一起，昂首阔步朝着中国式现代化前进。

深山走出脱贫路

云南人口较少民族脱贫发展之路

喜看山乡露锦绣

"月光啊下面的凤尾竹哟，

轻柔啊美丽像绿色的雾哟；

竹楼里的好姑娘，

光彩夺目像夜明珠。

听啊多少深情的葫芦笙，

对你倾诉着心中的爱慕。

哎金孔雀般的好姑娘为什么不打开哎你的窗户，

月光下的凤尾竹，轻柔啊美丽像绿色的雾哟；

竹楼里的好姑娘，歌声啊甜润像果子露。"

或许还有人不知道，这首优美柔婉、明快动人，一经发布就风靡大江南北，传唱了快半个世纪的经典歌曲，创作的发源地就在美丽的德宏。时值1979年，在改革春风吹拂之下，为了在民族聚居地区能顺利宣传《中华人民共和国婚姻法》，音乐家施光南老师和倪维德老师来云南德宏采风，要创作一首民族特色鲜明的歌曲。德宏秀美的景色、宜人的气候、多彩的民族风情，激发了二人的创作灵感，这首《月光下的凤尾竹》就这么诞生了。而今德宏的凤尾竹依旧翠绿常青，在党的领导下各族儿女的生活也越来越好，其中就包括了大部分世居地在德宏、云南特有民族阿昌族。2014年，德宏州阿昌族有贫困人口5859人，贫困发生率高达17.95%；2019年年末，德宏州阿昌族贫困发生率下降至0.53%，实现了整族脱贫。

阿昌族在古代汉文献中，曾被称为"峨昌""莪昌""娥昌"或"萼昌"，不同地区的阿昌族还有不同的自称，户撒地区阿昌族自称为"蒙撒""傣撒""蒙撒掸""衬撒"；梁河地区阿昌族则自称为"汉撒""阿昌""峨昌"。1953年，人民政府根据阿昌族人民的意愿，决定统一称为"阿昌"。目前的阿昌族乡有3个：户撒阿昌族乡、曩宋阿昌族乡以及九保阿昌族乡。

在扶持人口较少民族发展方面，要根据每个民族的历史基础、发展水平、

聚集地的自然禀赋等，依托独特的民族文化，制定扶持政策，体现其民族特色。这三个阿昌族乡均坐落于山地丘陵地带，长期以来交通状况不便，与外界交流较少。产业单一且资源匮乏，导致居民生活水平一直难以提高，山乡发展水平一直落后。脱贫攻坚的开展，大量工作队的进驻，海量扶贫资源的投入，全国人民的关注使得阿昌山乡发展迈入了快车道，阿昌人民的日子越过越红火。这里的人民在党委、政府的坚强领导和相关企业单位的帮扶下，正用勤劳的双手，开创全面小康的美好明天。

旧貌换新颜的户早村

　　走进陇川县户撒阿昌族乡户早村，只要驻足留心观看村广场上的展板，泥泞的道路、破旧的土坯房让人印象深刻……然而，只要目光稍稍越过展板，屋舍俨然、干净整洁、阿昌族文化气息浓厚的户早村映入眼帘，很难想象如此巨大的变化竟发生在短短数年间。这一张张照片记录着户早村的旧貌，更反衬出今日户早村取得的巨大成绩。

　　户早村有人口 281 户 1356 人，其中 93% 以上为阿昌族。2019 年，全村经济总收入 2446.2 万元，较 2015 年增加 782.7 万元，增幅 47.45%；人均纯收入 10910.16 元，较 2015 年增加 3864 元，增幅 54.84%。67 户建档立卡贫困户共 310 人于 2019 年 12 月前全部脱贫。[①]

　　"下雨烂泥塘，晴天尘土扬"，一直是包括户早村在内整个户撒乡群众的烦心事，严重影响当地居民生活质量的提升。针对这样的情况，脱贫攻坚开展以来，帮扶单位云南省烟草专卖局（公司）投资兴建的多条道路，让当地群众的出行条件得到了根本性转变：43 千米长的环乡幸福大道如同一条玉带，串联起户撒乡星罗棋布的 11 个村民委员会；16 条通村道路、27 条村内道路阡陌纵横，拉近了各村民小组间的距离。全乡建成了农田机耕路、村内石板路、村乡砖铺路、乡县柏油路的现代化交通网络体系。

　　路修通了，资源就能够进来了，一切建设也就顺利开展起来了。现在，沿

---

① 数据来源：中共德宏州委宣传部。以下正文涉及德宏州、未标明出处的数据都出自该处。

着宽阔的石板路走进户早村，一幢幢保留了阿昌族"三房一照壁、青砖灰瓦金腰带"传统风格的新居鳞次栉比。依托帮扶单位云南省烟草专卖局（公司）阿昌族整乡推进整族帮扶项目，户早村113户民居完成拆除重建，17户进行了抗震加固及美化改造，47户建档立卡贫困户全部住进新房。拆除重建每户补助6万元、抗震加固每户补助4万元、美化改造每户补助2万元的补贴资金，大大减轻了村民的经济压力。针对无收入来源、住房困难的贫困户，由帮扶单位云南省烟草专卖局（公司）与全乡农户共同出资出力，建设起了40~60平方米的保底房。

自帮扶开展以来，云南省烟草专卖局（公司）持续援建水利设施、学校、乡镇医疗卫生所、乡村文化站等基础建设。如今户早村8个村民小组实现了道路村村通，移动或电信网络覆盖，动力电全覆盖，出行难、用电难、上学难、看病难、通信难等长期存在的老大难问题普遍得到解决，义务教育、基本医疗、住房安全得到保障。

杨涛是云南省烟草专卖局（公司）派驻户早村的第四批工作队队长，作为户早村第一书记，村子翻天覆地的变化让他十分欣喜，也深感责任重大。杨涛自驻村以来就遍访全村，熟悉村里的各种情况。即使脱贫取得了阶段性成就，但是杨涛仍然意识到全村还存在监测户、边缘户的情况，他们或因根基不牢、自身"造血功能"不强，或因生病及其他家庭变故，若不提前采取针对性帮扶措施，很容易出现返贫。他严格根据"四不摘"的要求，带领工作队不敢有丝毫放松。

户早小组村民监测户穆新买家就是杨涛最常去的地方之一。穆新买的妻子长期卧病在床，家里家外所有事都落在了这个阿昌汉子的肩上。2019年10月，穆新买的儿子又被查出患有先天性心脏病，让本就困难的家庭雪上加霜。

得知穆新买家的情况后，杨涛和帮扶单位想办法帮忙联系了昆明的医院，在多方关心和帮助之下，穆新买儿子的手术做得很成功，而且费用都由农村大病保险报销了。穆新买由衷地感叹，在最困难的时候，是党委、政府和烟草公司帮助了自己一把，给了这个不幸家庭新的希望。

勤耕苦作地生财，金叶飘香富万家。云南省烟草专卖局（公司）作为帮扶单位，在扎实推进"两不愁三保障"工作的同时，为当地百姓带来了"造血"能力强的烤烟种植产业。2020年，户早村共种植春季烤烟1250亩。烟叶成为户早村民脱贫的"压舱石"，更为他们打开了一个驶入康庄大道的"匝道口"。在烤烟规模化生产的基础上，帮扶单位积极引导村民建立烤烟合作社并与村委会共同开展烘

烤及烤房管理模式，在烘烤服务费中提出部分资金用于村集体经济。这样一来，产业的发展让脱贫致富更加稳定可持续，也让村集体经济不断发展壮大。但要让起步较晚的阿昌族人民与全国各族人民一道共同奔向更好的明天，光靠种植烤烟还不够。

自从户早村摘下贫困帽后，带领村民拓宽增收渠道就成了驻村工作队的工作新方向。驻村工作队坚持因地制宜、精准施策工作原则，为户早村"三产"全面发展想办法，并带着村民一起干。

驻村工作队为户早村建档立卡贫困户申请了47万元用于黄牛养殖项目，实现人均增收1000元以上；累计试验推广发展143亩稻田养鱼，亩均实现增收1400元；试验推广178亩油葵种植，亩均实现增收1600元。巩固发展24户农户从事刀鞘制作和加工，帮扶3户农户开办乡村农家乐，携手瑞丽市旅游公司打造2户阿昌族民俗客栈，并引导富余劳动力转移就业。

如今的户早村村民越来越忙，越来越自信，思维越来越活络，产业发展越来越丰富。中午时分，户早村渐渐热闹起来，村民们骑着摩托车从烟田返回家中。在彩妹农家乐内，来细小组村民康团翁和妻子正计划利用这段游客较少的时期，把二楼的两间空房再打造成客房。

陇川县户撒乡户早村阿昌族服饰（摄影：张彤）

2016 年从苏州打工回来后，康团翁和妻子用攒下的钱加上烟草公司补贴的资金，加固美化了家里原来的土坯房，开起了乡村农家乐。这得益于 2017 年政府和驻村工作队出台的一系列优惠政策，动员有能力有意愿的村民开农家乐，不仅让这些积极分子到乡里接受培训，还补助了 2 万元。

现在的生活对于康团翁家来说，日子可谓是越过越红火。粗略地为上一年收入算笔账，他家 15 亩烤烟纯收入 3 万多元，卖了两头黄牛收入 1 万元，农家乐纯收入 8000 元，加上 2 亩油菜、玉米，年纯收入达到了 5 万多元。好形势催人强，康团翁干劲十足。

脱贫攻坚路上，户早村基层党组织也在充分发挥带头模范作用。每月最后一天，是户早村党总支组织各支部定期开展卫生大扫除的日子。这种活动当然是党员一马当先，一大早，来细二组党员曹春生就与支部的另外 4 名党员和 2 名公益性岗位人员拿着扫帚打扫卫生。

"村子是自己的，自己不干谁来干？"曹春生道出了多数户早村民的心声，村民们见到党员带头打扫卫生，也自发组织起来，每月开展两次大扫除。大家的钱袋越来越鼓，对美好生活的向往也越来越强。

驻村工作队进村开展工作之后，结合自己的见闻，驻村工作队队长、户早村第一书记杨涛深切感受到：扶贫先扶志，只有思想认识发生根本转变，才能真正脱贫致富奔小康。而在"扶志"路上，党支部和党员就成了村民前进的方向标。

为了更好地"扶志"，云南省烟草专卖局（公司）机关党委、云南香料烟公司第十一党支部分别与户早村党支部建立基层党组织共建机制，积极协助户早村党支部开展讲党课活动，协助建立党员联系贫困户机制，通过党员带动帮扶建档立卡贫困户发展生产主动脱贫致富，实现了基层党建与精准脱贫的有机融合，发挥了基层党组织在脱贫攻坚中的引领作用。

针对少数内生动力不足的村民，党员一次次入户走访，组织村小组开办"感党恩、听党话、跟党走"新时代讲习所，潜移默化引导其向"主动干"转变。

断穷根，教育是根本；解民忧，教育是关键。保障阿昌儿女接受知识教育，是从思想上斩断致贫"穷根"、斩断贫困代际传递的关键。户早村幸福小学校门口小卖铺的阿昌大妈雷小摆讲述了她眼里当地教育发展的变化：他们那一辈人，上过学的不多；在她娃娃那一辈，上过初中的没几个；现在孙子这一辈，最少都是高中毕业了。

2016年9月，在各级党委、政府，省烟草专卖局（公司）和社会各界的共同努力下，投资780万元的滇西边境片区集中实施阿昌族整族推进规划重点项目——户早村幸福小学重建竣工。崭新的教学综合楼、干净整洁的学生食堂、标准化的运动场一应俱全，惠及8个村民小组，边境民族村寨的孩子也享受到了优越的就学条件，为这些学生的健康成长奠定了良好的硬件基础。

抚今思昔，曾经户早村小学恶劣的环境不仅让阿昌族群众心忧，也让当初才刚刚参加工作的老师叶达仙心酸不已。那时的学校不仅没有围墙，连宿舍和教室都漏水，更让人焦虑的是因为条件限制，开设的教学课程特别单一，学生根本不可能德智体一起发展。

"直到2015年，学校教室和宿舍还是土坯房、砖瓦房。学校教学条件差，连老师都留不住，教学质量堪忧。"户早村幸福小学校长彭兴卓指着墙上的老照片讲述着变化，"如今，学校不但硬件在全乡首屈一指，考试成绩也在全乡12个学校中名列前茅。"

"这次帮扶项目，不仅解决了户早村的教育难题，还将有效缓解全乡学前教育问题。"户撒乡乡长张晓明介绍，户早村幸福小学建成后，还将成立全乡第一所公办幼儿园。

户早村幸福小学的翻新，也鼓舞了村民对乡村教育的信心。"我没读过几年书，但一定要让娃娃上学。只要娃娃能考上大学，我再苦再累也要把他们供出来。"户早小组村民赵麻赌的两个儿子在户早幸福小学念书，谈到孩子的教育，他语气坚定。

为确保阿昌族学子不因贫困影响学业，云南省烟草专卖局（公司）积极帮助村民落实高中教育阶段"雨露计划"及高中助学金资助，并为考取大学及以上学历的阿昌族学生提供每年5000元的教育资助。

短短数年，变化似千年。一直以来饱受基础设施差、产业单一、教育水平低等制约这个边疆少数民族村寨发展的桎梏已被打破，挣脱束缚的阿昌群众正昂首阔步迈向全面小康。

 ## 来细村的大变化

　　来细村民小组是云南省德宏傣族景颇族自治州陇川县户撒乡下辖的一个阿昌族聚居自然村[①]，全村有 42 户 199 人，建档立卡户 14 户 61 人，目前已全部脱贫。2019 年末，农民收入主要以种植烟草、水稻等作物为主，农村经济总收入 220 万元，人均可支配收入 1.168 万元。

　　多年来，这座阿昌族村落曾长期处在产业薄弱、基础设施匮乏、教育水平落后、村民生活贫困的窘境。人们住的是土坯房、走的是土石路、聚会在尘土飞扬的广场上，用落后过时的方法从事耕种业……

　　近年来，为了早日完成脱贫攻坚的任务，来细村以基础设施建设和脱贫产业发展为重点，完善公共基础服务、改善人居环境、提升群众幸福指数为目的，在尊重村庄现有格局基础上，突出生态环境和地形风貌保护，强化阿昌族民居文化传统创新与传承，对村庄整体风貌和民居建设进行规划建设。

　　在帮扶单位云南省烟草专卖局（公司）和社会各方面的帮助下，共投入资金 1445.1 万元，建设了一个 216.12 平方米的文化传习馆，为村民展示和传承阿昌族民俗文化提供场所，也便于游客旅游观光。把原来脏乱发臭的滚牛塘、滋生蝇蚊的荒草地改建成一个 1260 平方米的文化活动广场，并设计建造了与阿昌族传统、神话相关的各种雕塑、图腾，便于村民平时开展民风民俗文化活动；站在高台放眼望去，数亩见方、平整大气的来细广场，双象迎门，象鼻高挺，散发出威严圣洁的气象；门柱上青龙环绕，栩栩如生，似要游入青云。广场内，用彩砖铺就，直去百米，其间有"太阳池"和"月亮池"两个水潭，阳光照耀下，彩砖熠熠、波光粼粼，互相辉映成耀眼的光芒。广场一侧，党建长廊、图书阅览室以及休息室等设施一应俱全。来细村还新建房屋 42 户，确保了村民住房安全稳固；建设了一个 151.59 平方米的旅游接待站，用作旅客接待；改造村委会办公楼及村卫生室 384 平方米，制作阿昌民族特色文化墙体约 300 平方米，建设村内道路 1355.42 平方米，养牛场、停车场建设，农田整治，村内美化改造，民

[①]《阿昌村寨唱响民族团结歌》，《德宏团结报》2020 年 11 月 27 日。

居改造，雨污分流建设，人饮管网铺设，阿昌族特色太阳能路灯安装等，大力提升改善该村的公共基础设施和人居环境，全村公共基础设施和人居环境得到全面提升完善。以往平平无奇的小村庄向着欣欣向荣的民族特色村阔步前进。

2019 年，来细村民小组有 7 名党员（含 4 名驻村工作队员），在村党总支的指导下，党员亮明身份，充分发挥党员的先锋模范作用。运用村干部定期走访群众工作制度、群众诉求反映制度，处置突发性和群体性民族纠纷协调处置机制等制度机制，及时调解群众之间发生的矛盾纠纷、利益诉求等，村党支部在群众增产增收、产业发展、民族团结中的领导和中流砥柱作用凸显。

村寨环境改善、维护方面，来细村群众自发把每月 1 日和 15 日定为村环境卫生日并严格执行。提升人居环境成为共识，以往村寨里垃圾遍地，污水横流的现象越来越少，每家门口都有一个垃圾桶，生活垃圾统一收集集中处理，环境卫生越来越好。邻里之间和睦相处，尊老爱幼的优良传统成为村民的行为准则。

阿昌族妇女（摄影：张彤）

通过云南省烟草专卖局（公司）几年来不断的帮扶，来细村群众一改以前只要吃饱就闲下来的生活习惯，不断发展烤烟种植、蚕桑养殖、户撒刀具制作、养牛等产业，富余劳动力得到有效转移。产业的发展使群众的思想观念不断提高和转变，生活水平和经济条件大幅提高，勤劳致富之风盛行，精神面貌和村容村貌大幅改善。村党组织还经常开展民族政策、法律法规宣传，充分利用民族传统节日等，组织各族群众开展形式多样、丰富多彩、健康向上的文化体育娱乐活动，并在活动中注重宣传党的民族政策，不断深化民族团结进步教育。

老康的"小康"生活

随着清晨的阳光缓缓铺开，康弯保夫妻俩已经收拾整齐，掀开遮得紧实的防晒布，买了快两年的小轿车还保养得光亮如新。只有到了赶集日，康弯保才舍得把它开出来。①

"老康，你这小车不错呀！"一到集市，相熟的乡亲们一齐聚拢了上来。

"马马虎虎吧。"面对大伙儿对车子的欣羡，康弯保总是压低上弯的嘴角。

虽说现在路况已经改善了很多，骑摩托车赶集已不像过去会因土路溅一身风沙泥点，但开车还是更加舒适，也方便给家里的小零食铺进货。

回想20多年前，住上新楼房、开上小轿车的生活是康弯保做梦都没想过的。那时，乡亲们赶集全靠两条腿，路途较远累人且不提，回到家往往裤管、鞋里全是泥巴和灰尘。村里不要说轿车了，连摩托车也能一个巴掌数出来。

康弯保出生于云南省德宏州陇川县户撒乡户早村，一个偏远山村里有着四兄弟的阿昌族家庭。成长过程中饱经风霜，终于长大成人遇到良配，但是家庭实在贫寒，只能自己出去谋生路。康弯保刚结婚不久就和其他兄弟分了家，一小间简陋的平屋、8亩地，就是这个新组建小家庭的全部资产。分家后，没什么文化的康弯保夫妻俩只能按部就班地经营生活，随着两个孩子出生，家庭支出增多，原本就只能勉强支撑夫妻俩生活的收入捉襟见肘，一时也没办法抛下孩子外出务工，康弯保家的日子越过越紧巴。

37

---

① 张轩铭：《康弯保"马马虎虎"的幸福日子》，中国农网，2022年10月8日。

康弯保不怕辛苦，但土里刨食了半辈子的他不知道怎么才能让这个小家庭过上更好的日子。那时正值村里刚推行第一年的种烤烟试点户开始有了收成。看到比一般经济作物更好的收益，康弯保决心跟着大家一起干。那一年，他种了3亩烤烟，培土、栽苗、收烟，一边自己摸索，一边向有经验的人请教，虽说辛苦，但收成还不错。朴实的农家汉子心里只有一个念头，多学点技术，多种点烤烟，多赚点钱，于是，他第二年就鼓足勇气将种植面积从3亩扩大到了8亩。

家务劳动（摄影：张彤）

要生产出好的烟叶，从种植到烘烤，每个环节都很重要。过去种植烤烟最难的是烘烤环节，村中的壮劳力组成小组轮流值守烤房，开展烘烤工作，但没有系统的技术与流程，全凭感觉和口传的经验，烤好后的烟叶品质也是起伏不定。

随着烤烟种植面积的扩大，康弯保发觉烘烤水平的不稳定对收入的影响也越来越大。正当他琢磨哪里可以学点技术的时候，户早村在烟草部门的帮助下，与第三方签订外包协议，由第三方引入专业设备与技术进行烘烤工作，村民们只需要支付一定的烘烤费。

"这可真是帮我们解决难题了。"康弯保说，"专业的人烘烤出的烟叶品质就是好，好烟叶才能卖出好价钱。"他算了一笔账，烘烤外包后自己每亩毛收

入能增加 2000 多元。如今，康弯保种植的烤烟已经达到了 26 亩，今年收入 19 万余元。"这下好了，多赚了钱，也有更多的时间去做点别的事。"康弯保又盘算着新的创收计划。

看到这几年村里种植甜脆玉米的多了起来，价格也不错，收完烟后康弯保种了 10 亩甜脆玉米，70 多天完成从耕种到收获全过程，赚了 3 万多元。"马马虎虎吧。"用这句口头禅评价起当前生活的康弯保笑道，如今他也不再按部就班、懵懵懂懂了，追求美好幸福生活的他对于下一步有着清晰的计划。

康弯保和大多数乡亲一样，是个闲不住的人。趁着农闲，他从邻村买来一头母猪，"还有一个多月就要产仔了，就等着生小猪仔卖钱啦。"不仅如此，他还利用家里空房子开起了小卖铺。"养猪的同时也可以顺带照看店里。"康弯保笑意满满地说，"马马虎虎吧，虽然忙了点，但心里甜呀。"

 ## 运河山的故事

运河山，听起来就是一个气势如虹的名字。不知道这里是不是出过天生神力之人，能够运转河山。而比起运转河山这种神话传说里虚无缥缈的神力来说，运河山村脱贫攻坚事业的完成才真的是一项实实在在出现的人间奇迹。

运河山是德宏州梁河县九保阿昌族乡勐科村的一个阿昌族聚居村寨，也是九保乡境内最高点所在地，平均海拔 2305 米，共有 36 户 157 人。[①]

自古以来，生活在这里的村民靠山吃山，过着自给自足的生活。然而，由于地处偏远、山大林深，通往外面的道路仅有一条简易的乡间小道，而且路况弯曲狭窄，坑坑洼洼，车辆根本无法通行，运输只能靠人背马驮，丰富的物产无法走出大山，群众就医、就学、就业极其困难，修一条通往外面的宽路、好路一直是村民的梦想。

2010 年，在政府部门的大力帮扶下，群众积极投工投产，终于建成了一条宽 3.5 米长 10.85 千米的村级公路，自此，圆了几代阿昌人民的修路梦，运河山也彻底告别了车路不通的历史，翻开了发展的新篇章。

---

① 王灵萍：《这个阿昌寨的日子很甜——记梁河县九保阿昌族乡勐科村运河山村民小组》，《德宏团结报》2022 年 3 月 16 日。

民族活动（摄影：张彤）

　　如今，等到金秋时节，山乡风光正好，只要开车沿着平坦的盘山公路盘旋而上，约莫半小时，就能到运河山村了。抬眼望去，樱红桃绿、林深树密，一阵风吹过，淡淡的清香让人神清气爽，探寻着幽香的来源，只见连片种植的中草药迎风摇曳，煞是可爱。

　　致富路修起来了，就是栽下"摇钱树"的时候。出村路通了，发展的路也更广了，村里大部分的年轻人开始外出务工、经商，视野不断开阔。其中一部分人带着在外学到的经验技术和先进思想返回寨子，他们充分利用运河山高海拔、土地阴湿、气候凉爽的自然条件，带领乡亲们抱团发展农业产业，在林下种植重楼、黄精、竹节参、草果等中草药，共同增收致富。郭云国就是其中的一户，他在外经商的过程中，瞄准了中草药种植产业的大好前景。2015年，在扶贫好政策的鼓舞之下，他果断回乡发展，从刚开始的摸着石头过河到现在的连片种植，经过近6年的摸索实践，通过种植重楼、草果、茶叶、樱桃、核桃等，每年能实现收入10万余元。

作为村里的年轻人,郭云国的儿子郭兆远看到村里发展势头良好,放弃外出务工的机会,毅然选择回乡,与父亲一起发展产业。他积极通过网络和各类技能培训班学习养蜂知识,发展规模养殖。"养蜂也是一项技术活,温度湿度食量都要严格把控。目前我养了100余窝,年收入能达3万余元。下一步,想通过不断学习摸索,扩大规模,带领乡亲们一起发展。"提起养蜂,这个腼腆的男孩有说不完的话。

一人富不算富,全村富才幸福。在郭云国等一批先进分子的带动下,运河山村共种植中药材15余亩、茶叶278亩、樱桃15亩、草果103亩,全村每年采收核桃100余吨。2020年,全村农民人均纯收入已经突破万元。

民族团结一家亲,携手发展聚人心。如今的运河山,产业发展欣欣向荣,百姓生活蒸蒸日上,邻里和睦,亲如一家。每到农闲时,村民唱起山歌跳起舞,共同庆祝今天的甜蜜生活。从贫困到小康,生活发生了翻天覆地的变化,运河山的故事还在继续着。

梁河县阿昌族群众在新建成的文化活动场地上载歌载舞(摄影:周灿)

深山走出脱贫路 云南人口较少民族脱贫发展之路

芒麦村的新景象

在悠悠的龙川江畔，一座崭新的村寨拔地而起，依山傍水，绿水青山间，保山市龙陵县龙山镇芒麦村芒旦易地扶贫搬迁安置点就在这里。[1] 易地扶贫搬迁是打赢脱贫攻坚战的重要举措，芒旦易地扶贫搬迁安置点的实施，让芒麦村阿昌族同胞挪出穷窝，走向了幸福的新生活。

据了解，芒旦易地扶贫搬迁安置点，于2016年8月开始动工，2018年6月，安置点竣工，搬迁对象户陆续入住。在村民石培启的工作笔记本里清楚地记录着新村的居民户数、木架区、住宅区、街面，哪一户住在哪一排，看上去一目了然。据石培启介绍，目前共有103户居民入住，其中阿昌族65户291人，汉族38户173人，包含建档立卡户81户，随迁户16户，规模外安置6户。

"钱难赚，路难走，家庭破旧，生活环境差，以前的日子真是没法过。"回想起曾经的贫困生活，阿昌族村民杨绍荣感慨万千。在没有搬迁之前，杨绍荣家在芒旦打海村寨，散居在半山坡上，住在低矮、阴暗的篱笆房里，家庭无产业支撑，经济来源单薄。此外，交通不便，泥巴土路，弯弯曲曲、坑坑洼洼的，开着摩托车到芒旦广场去坐到县里的客车，遇到雨天，山路湿滑，不仅会被污泥水溅在身上，穿得干净整洁的衣服被弄得脏兮兮的，而且还很不安全，甚至还会翻车，让他无奈到极致。

搬迁到新村后，告别了山村里的贫困。现在，杨绍荣的新屋建得安全稳固，整洁明亮，出门就是水泥路，小轿车直接开到家门口。他靠自己的装修手艺在附近打工，也把日子过得滋润了起来，他说："生活在新村热热闹闹的，住在新房里舒舒服服的，再也不想回到从前了，这一切要感谢党和国家的好政策。"

"如果没有搬来这里，我今年早就去省外打工了。"在街面上开了一家摩托车修理店的报昌直坦言，搬迁后，他看到了未来的希望和前景，便留在家乡发展。新村建设后，许多村民在街边就开起了小卖铺、早餐店、冷饮店、烧烤店、摩托车修理店等店铺，村民不仅有了收入保障，同时也解决了就业问题。

42

---

[1] 《保山龙陵芒麦村：易地搬迁建家园 民族团结乐融融》，《民族时报》2020年12月2日。

　　"现在每天几乎能赚到 100 多元，日子比以前好过多了，感谢党的好政策实现了我的梦想。"正在忙着做饵丝早点的阿昌族妇女石长芝笑着说道，搬迁后，她在街边开了一个小卖铺和早餐店，做着自己喜欢做的事，感到十分满足。环境优美、配套齐全，贫困户宜居宜业、生活便利，村民入住后脸上洋溢着幸福喜悦的笑容，搬出深山的贫困户生活越来越美好。

　　入住初期，许多房屋还在修建中，基础设施还需完善，村民们还谋划着如何打造商业街、特色旅游小镇。如今，一个崭新的乡村风貌展现在眼前，一幅美丽富强、繁荣兴盛、乡村振兴的壮丽图景正在龙川江岸上徐徐展开，文化活动室、宾馆、养殖场、农家乐……一应俱全。阿昌族企业家赵兴册说："今后这里将设有农贸市场、阿露窝罗广场，日子越来越有盼头咯！"

　　据统计，2014 年以来，龙山镇芒麦村芒旦自然村（阿昌族聚居地）实施项目 15 个，累计争取各类项目资金 6076.2 万元。2014 年，实施了龙山镇 2014 年度民族聚居区产业发展项目，投资 50 万元，受益农户 60 户 250 人；2014 年，硬化芒麦村芒旦下组道路 0.8 千米，投资 25 万元，受益农户 27 户 103 人；2015 年，硬化芒麦村打海自然村道路 1.1 千米，投资 35 万元，受益农户 39 户 162 人；2016 年，扩宽、硬化芒麦村芒旦自然村至松树田公路 2.7 千米，投资 135 万元，受益农户 668 户 2867 人；2016 年，实施芒麦村行政村整村推进项目，投资 100 万元，受益农户 668 户 2867 人；2017 年，实施芒麦村芒旦传统古村落环境综合整治项目，投资 150 万元，受益农户 123 户 468 人；2017 年，实施芒麦村芒旦传统村落保护一事一议项目，投资 170 万元，受益农户 123 户 468 人；2017 年，实施芒麦村芒旦易地扶贫搬迁安置点项目，投资 1840 万元，解决了 103 户 464 人的住房问题；2018 年，实施芒麦村石斛枫斗加工厂建设项目，投资 60 万元，受益农户 668 户 2867 人；2018 年，实施芒麦村芒旦一组、二组文化活动场所建设项目，投资 20 万元，受益农户 123 户 468 人；2018 年，实施芒麦村芒旦大桥建设项目，投资 3000 万元，受益农户 668 户 2867 人；2018 年，实施芒麦村大田坡组民族文化活动场所建设项目，投资 55 万元，受益农户 28 户 120 人；2018 年，实施芒麦村打海组"十县百乡千村万户"创建示范工程项目，投资 100 万元，受益农户 39 户 160 人；2019 年，配套建设芒麦村芒旦安置点养殖小区，投资 236.2 万元，促进安置点拆旧复垦及畜禽养殖业的良性发展，受益农户 103 户 464 人；2019 年，实施芒麦村芒旦（大田坡）民族特色村寨建设项目，投资 100 万元，受益农户 151 户 588 人。

中央这么重视民族工作，这么重视脱贫工作，就是要更好维护民族地区团结稳定，更好加快民族地区发展，更好凝聚各民族智慧和力量，各民族一起来实现中华民族伟大复兴的中国梦。在党和国家政策的大力扶持之下，在乡亲们踏实勤恳的耕耘中，芒麦村正一步一步走向富饶之村、和谐之村、美丽之村。日子越过越红火，生活越过越有盼头。

深山走出脱贫路

云南人口较少民族脱贫发展之路

从山路到致富路

　　什么是精准扶贫？习近平总书记这样论述："精准扶贫，就是要对扶贫对象实行精细化管理，对扶贫资源实行精确化配置，对扶贫对象实行精准化扶持，确保扶贫资源真正用在扶贫对象身上、真正用在贫困地区。"[①]围绕精准扶贫，我国逐步探索形成了中国特色脱贫攻坚制度体系。国家财政投入逐年增加专项扶贫资金规模。在对贫困村、贫困户、贫困人口精准识别的基础上，紧扣"两不愁三保障"标准，提出"五个一批""六个精准"，制定财政、金融、税收、低保等方面的扶贫政策。制定脱贫标准和考核体系，连续开展扶贫考核，对脱贫摘帽的县进行抽查，开展国家脱贫攻坚普查。出台脱贫攻坚督查巡查工作办法，各民主党派还对脱贫攻坚进行民主监督，形成了行之有效的扶贫监督机制。尤其是对贫困地区的基础设施建设，更是投入大量财力、物力、人力，夯实贫困地区发展基础，增强发展后劲和可持续性。

　　贫困地区之所以贫困，其中一个方面原因就是基础设施建设滞后。党的十八大以来，中央对贫困地区不断加大投入力度，不管是专项扶贫资金，还是行业方面资金，还是社会帮扶资金，投入的力度是空前的，其中很多都是用来改善贫困地区的基础设施条件。国家在电力基础设施上加大了投入力度，基本上解决了贫困地区通电问题。国家能源局、国家电网、南方电网组织相关企业，不仅实现了贫困村通生活电，而且正在努力实现贫困村甚至是一些人口比较大的自然村通动力电，解决当地老百姓生产发展的需要。

　　作为全国脱贫攻坚主战场之一，"十三五"以来，云南举全省之力，补短板、强基础、增后劲，积极推动贫困地区各类交通、保障性住房、水利设施、城市基础设施等与人民群众切身利益息息相关的重大项目建设，推动贫困地区各项事业取得长足进步，贫困地区经济社会发展发生翻天覆地的变化。

---

① 中共中央党史和文献研究院：《习近平扶贫论述摘编》，中央文献出版社，2018，第58页。

　　基础设施建设是改变贫困地区落后面貌的最根本最有效的方式，也是脱贫攻坚、乡村振兴战略提升，产业兴旺，生态宜居，乡村文明，生活富裕的重要基础。阿昌族同胞长久以来生活在丘陵山地地区，地势崎岖，交通系统不完善、不发达，其他公共基础设施建设滞后等长期积累的问题制约了阿昌族地区的经济发展、人民生活条件的提高和生态环境的保护，这也是造成阿昌族同胞长期贫困的重要原因。因此，打好阿昌族群众扶贫攻坚战的关键还是要改善贫困地区的基础设施。基础设施的制约不仅仅是物理上的，更是心理上和精神上的，会严重影响贫困地区和贫困群众发展的积极性和精气神。因此，越是在时间紧任务重的情况下，越要加大对贫困地区的重大基础设施的支持力度，打通制约脱贫致富的"最后一千米"。在携手阿昌族同胞脱贫攻坚的征程中，着力推进基础设施建设与改善是一项基础性、决定性的工作，也是一项功在当代、利在千秋的伟业。

户撒步行道打卡点（摄影：桂金再）

一条道路的变化

要想富，先修路。这句俗语饱含了贫困、偏远地区人民的内心渴望与迫切需求。陇川县户撒阿昌族乡，群山环绕，田园秀美。环乡公路旁，金黄色的稻田一望无际，"青砖灰瓦金腰带"的阿昌族特色民居鳞次栉比，本地特色产品户撒刀、户撒银饰散发着独特魅力，吸引游人驻足。这个被称为"佛祖后花园"的地方，如今已是著名的旅游、康养的好去处。

户撒集市（摄影：桂金再）

户撒今昔对比实在强烈，谈起以前户撒乡的状况，云南香料烟有限责任公司驾驶员段师傅记忆犹新，他跑遍了德宏上上下下，但是以前如果说有到户撒的任务，那真是让人头疼，因为到户撒的路实在太烂了。但如今进入户撒乡，是一条高标准的环乡公路。路边刚收割完的稻田上，时不时有几头水牛在吃草。这条公路是云南省烟草专卖局（公司）帮扶陇川县的项目之一，新修的公路环绕着户撒村民的良田，也带来了阿昌人民脱贫的希望。

"新建的环乡公路长 42.195 千米，正好是一个全程马拉松的距离。"云南省烟草专卖局（公司）驻村帮扶工作队队员吴斌介绍，环乡公路建成后，户撒乡

喜气盈盈（摄影：张彤）

对沿路景观进行规划，通过举办山地自行车和马拉松比赛等，带动了乡村旅游。

截至 2020 年年底，德宏州阿昌族聚居区新建村道和环乡道路 142 条 253.79 千米，并附属安装太阳能路灯 1187 盏，购买垃圾车 32 辆，建设垃圾池和垃圾处理点 69 个、公厕 77 座、文化活动室 83 间。[1]改变了以前"雨天一身泥，晴天一身灰""晚上出门两眼黑"的状况，人居环境全面提升，村寨道路从"脏、乱、差"迈向"亮、美、净"。

2023 年 1 月 1 日，新年元旦到来之际，"大美陇川" 2023 年"乘象杯"山地自行车公开赛在陇川户撒鸣枪开赛。此次比赛的赛道就是户撒环乡公路，这条赛道坡度和海拔爬升都不大，属于比较理想的骑游赛道。整条赛道景色优美，体验极佳。2023 年，"大美陇川"系列活动新增了数十项文化体育活动，旨在吸引更多体育爱好者认识陇川、爱上陇川，展现美丽陇川独特魅力的同时，以文体力量助力乡村振兴向前发展。而这一切的基础全仰仗于乡村基础设施的完善。

---

[1] 中共中央党史和文献研究院：《习近平扶贫论述摘编》，中央文献出版社，2018，第 58 页。

青山绿水共为邻

  各地区不同的自然条件和资源是劳动地域分工的基础，各地不同的经济发展水平、特点和地理位置是地域分工的经济基础。多年以来，阿昌族同胞聚居地区的农田水利基础设施薄弱，农业抗御自然灾害能力较低。多数村寨普遍存在水渠建设标准低、配套差，后续投入不足、老化失修、效益衰减、生产难等问题。由于缺乏必需的水利灌溉条件，农田灌溉面积中有相当一部分为中低产田，"望天收、雷响田"仍占较大比例。农业生产基础设施脆弱，难以满足农业生产现实需求，耕地有效灌溉面积小。山区干旱缺水，甚至都到了无法保证人畜安全饮水的程度，严重影响阿昌族地区农业生产和农民生活正常开展。

  针对这样的情况，云南省烟草专卖局（公司）投入资金3.3亿元，建设了德宏州梁河县菁头河水源建设工程，1951件田间基础设施。投入资金4764.79万元，完成农田综合治理项目2个，将23311亩"小丘田""雷响田""旱坝田"等低产田变成了整齐规则、旱涝保收的高标准农田，改变了雨天防洪、晴天抗旱的生产状况，使"靠天吃饭"和"人挖牛犁"费时费工的落后生产方式向排灌方便、机械下田省时省工的生产方式转变，改善了农田排灌和农机耕作条件，为农作物总播种面积的增加、复种指数的提高和农业产业结构的调整优化奠定了坚实的水利基础。

  过去阿昌族村民以地下井水和渠水为主要饮用水源，靠肩挑手提、拉运取水，饮水困难。如今，随着"安全饮水工程"的实施，这已成为历史。云南省烟草专卖局（公司）共投入资金1643.7万元，建设饮水工程45个，一股股甘泉流进每户村民家里，28.75万群众喝上了清洁卫生的饮用水。项目区实现了村村通自来水，户户有安全水饮用的目标。

  水利设施的建设与提升，不仅让清泉流入农田，灌入沟渠，通向乡亲们家里的自来水管道，也让甜水流进了阿昌族同胞的心田里，滋润着这支西南群山中的中华民族大家庭里的一员。真正落实了习近平总书记在脱贫攻坚事业中反复强调的"全面建成小康社会，一个民族不能少；实现中华民族伟大复兴，一个民族也不能少。共产党说到就要做到，也一定能够做到"。

除水利设施不断改善之外，如何充分践行"绿水青山就是金山银山"，也是陇川县在打赢脱贫攻坚战过程中的重点思考和实践。

陇川县森林资源丰富，生态公益林面积 57.149 万亩，排在德宏全州第三位。为帮扶贫困户实现脱贫，陇川县积极创新精准扶贫工作的新方式，在全县建档立卡贫困户中聘用有劳动能力且愿意从事森林资源管护工作的生态护林员 302 名，开展林业种植养殖培训，授农以技，帮助他们发展种植金线莲、养鸡、养蜂等林下经济，真正实现"一人护林，全家脱贫"。

既护好林保护了生态，又引导发展林下经济，助力贫困户脱贫致富，陇川县选聘贫困户当生态护林员，实现生态与扶贫双赢。

2016 年至 2020 年，陇川全县累计向 6926 户建档立卡户发放生态脱贫项目补助资金 1135.0573 万元。[1] 做好前一轮退耕还林及陡坡地生态治理项目的年度验收和资金兑付工作，2016 年至 2020 年，累计兑付退耕还林及陡坡地生态治理项目建档立卡户资金 581.977 万元，涉及 1853 户；落实好公益林生态效益补偿和天然商品林停伐补助政策。脱贫攻坚以来，森林生态效益补偿共惠及 772 户建档立卡户，累计补偿资金 113.682 万元，天然商品林停伐补助惠及 2628 户建档立卡户，累计补助资金 271.1283 万元。生态效益补偿和天然商品林停伐补助政策不但促进了群众增收和管护人员就地就近转移就业，而且还充分调动了林农爱林护林的积极性，促进了全县森林生态的有效保护；落实好森林抚育、造林、农村能源建设等多个方面惠及山区群众的补助政策。

陇川县户撒阿昌族乡坪山村委会坪山小组是一个依中缅边境而居的小山村，村庄距中缅国境线直线距离不到 500 米，全是陆地接壤，并且森林茂密。坪山村小组距户撒乡政府 24 千米，距县城约 50 千米。全小组农户 71 户，人口 321人，其中，有贫困户 7 户，贫困人口 19 人。坪山村小组有水田（位于户撒坝）202亩，旱地 70 亩，林权证持证林地面积 7856 亩（其中，公益林 3993 亩，天然商品林 3662.9 亩），全部为集体统一经营。

坪山村小组地理区位、生态区位特殊，属森林资源严管区域，没有商品材采伐指标，并且是一个典型的耕地缺乏村，村民靠耕种水田只能满足基本口粮，干季种植油菜、烤烟每亩也只有 1000 元左右的收入。耕地不够种只有朝林地资

---

① 中共陇川县委宣传部：《陇川：生态扶贫托起绿色明天》，《今日民族》2021 年第 1 期。

源开发方面去想办法，坪山村小组村民自力更生很早就摸索出了开展林下资源开发——种植草果的路子，积累了草果种植的丰富经验，是当地闻名的草果种植村和受益村。

然而，2004年7月5日暴发的一次特大泥石流和山体滑坡自然灾害，将坪山村小组种植的草果全部损毁，坪山人的经济来源和支柱产业被毁于一旦，村民的生活将面临返贫的挑战。2004年8月，正当陇川县处于泥石流和山体滑坡过后的抗灾救灾之际，国家林业局和财政部安排部署了国家重点公益林的区划界定工作，根据《国家重点公益林区划界定办法》（原林策发〔2004〕94号文件）的规定和要求，县林草局将中缅边境中方一侧10千米范围内的大部分林地区划界定为国家重点公益林，二级林种为国防林，坪山村民小组国家级区划面积达3993亩。2006年下半年，自国家重点公益林正式启动补偿机制以来，坪山村民小组累计获得森林生态效益补偿费44.3665万元。2015年被德宏州林业和草原局列为公益林生态自然村管护示范点。

2016年，为切实贯彻落实党的十八大及党的十八届五中全会精神，严格保护天然林资源，按照《国家林业局关于严格保护天然林的通知》（林资发〔2015〕181号）相关精神，坪山村小组积极参与天然林保护，又拿出了3662.9亩林地区划到天然商品林停伐保护范围，每年获得停伐补助费36629元。至此，坪山村民小组有7655.9亩林地纳入生态补偿，受补偿林地占全村林地面积的97%。

为加强森林资源管护，坪山村小组有护林员4人，其中，有生态护林员2人，年人均获得管护劳务费10000元，实现4个家庭护绿增收，有效助推2个贫困户稳定脱贫。

现在，坪山村小组每年每户村民平均分得生态补偿（含停伐补助费）1000余元，村民逢机会就自豪地说："国家实施生态补偿政策，加强了森林资源的管护，森林资源好起来了，山更青，水更绿，为我们种植草果提供了比较好的条件，我们的传统支柱产业也得到恢复和发展。山是我们的，树是我们的，我们每年还得领国家的钱，我们就是生态补偿的直接受益者。"2018年，因为卓有成效的生态建设，坪山村被授予"全国生态文化村"称号。

坪山村小组只是生态补偿众多受益对象的一个缩影，也是实施森林生态效益补偿政策中的一个典型，随着生态补偿政策的实施，群众"靠山吃山，吃山养山"的思想意识和理念日益增强，通过加强公益林、天然商品林森林资源的管护，森林的生态效益和经济效益逐渐明显，随着生态效益补偿机制实施时间的进展，

像坪山村小组这样的众多受益者也感受到实施生态补偿政策、机制的真正实惠。"生态受保护，农民得实惠"的林业改革和发展目标也将充分体现出来。

帕祖云的安居史

帕祖云[1]是一位在当地小有名气的阿昌族厨师，家住德宏州芒市风平镇龙昌移民村，他的小餐馆就开在自己家里，主打阿昌族风味。晨起，帕祖云洗漱后，就开始了一天的忙碌生活，只见他直奔几百米开外的芒市风平镇农贸市场，抢购新鲜食材。今天有两桌饭菜是三天前老食客预订的，可不能怠慢了。

挑菜、洗菜、切菜，下锅，煎炒烹炸，帕祖云一气呵成。招呼客人，添茶送水，帕祖云动作麻利、游刃有余。一整天的忙碌让帕祖云充实而快乐。

夕阳西下，伴随着一天工作的结束，帕祖云终于能够泡上一杯清茶，坐下来歇歇了。在氤氲茶香中，抬头看着自己这座错落有致庭院房的一角，帕祖云出神了，记忆从坝子回溯到深山，那是一段自己和房子的故事。

1968 年，帕祖云出生于龙江之畔，德宏州芒市江东乡的高埂田村。高埂田，顾名思义，梯田爬在山上，山有多高，水有多高，田就有多高，种田人就得爬多高。种田人为了几亩薄收，越坎爬山，起早贪黑。"苦山寡岭人意薄，多见树木少见人。杨芡篱笆蒿子门，鸡猪牛马做朋友。"这段阿昌族同胞口中的山歌，是那段贫苦生活的真实写照。

"屋顶是稻草，墙壁是篱笆。雨季要防潮，旱季要防火。"在帕祖云的记忆里，家的最初模样是一间稻草房。年幼的他跟在大人身后，到稻田里背稻草，爬上屋顶换稻草，进到深山砍竹子，坐在院子破篾子。那个不过 40 多平方米的稻草房，不仅硬生生挤下了祖孙三代 10 余口人，也是鸟、鼠、蛇的家。每年更换稻草时，屋顶总会发现鸟巢、鼠窝，甚至遇到蛇盘踞在房梁上。

稻草房最怕大风，大风天屋子的稻草屋顶被整个掀飞是常有的事，年幼的帕祖云那时候可能还没听说过唐代的伟大现实主义诗人杜甫，但是早就能体会杜甫在《茅屋为秋风所破歌》中所描述的那些经历。"床头屋漏无干处，雨脚如麻

---

[1] 《边疆少数民族的小康答卷之安居记》，《德宏团结报》2022 年 9 月 23 日。

未断绝。""那时候的家啊,只能算一块安身之地。"帕祖云面露感伤。印象里在雨季中,为了使鞋子不至于太过被雨水、积水浸湿,家人会在院子里每隔一步摆放一块石头,大家就边走边跳进到屋里,显得有些滑稽。夜里,爷爷总是最后入睡,守到火塘里没了火星子。

高埂田在当地是出了名的山高路远,出门必绕行龙江。村民生病,只能找赤脚医生,或是凭经验上山找中草药医治。帕祖云还记得邻居老大爹感冒发烧,因出行困难,久病成疾,最终遗憾撒手人寰。

1980 年,帕祖云的父亲和二叔分了家。60 多年的老房子旁,多出一间新房子。新房房顶换成青瓦,墙还是篱笆墙。外墙的篱笆糊上牛粪和泥巴,遮风挡雨。内墙的篱笆隔出两个房间,男孩住一边,女孩住另一边。房间虽然是宽敞了,如厕问题却没有解决。只能在正房 50 米开外的树林里,挖一个土坑,坑上架起两块木板,当作简易厕所,就这样一大家子 18 口人共用一个旱厕。厕所没装门,遇到门口有声响,就咳嗽一声,表示有人。

1992 年,帕祖云 24 岁,他与家里其他四兄弟分了家,另起炉灶,开始当家作主。当家的第一件事就是要另建新屋,于是帕祖云进山伐木,制作柱梁、椽子。挖土拓土坯,土坯垒成墙。建房时,帕祖云第一次对房屋功能区进行了划分,正房、厢房、厨房一应俱全,猪圈、鸡圈与住房分开,单独建了厕所,排队如厕终成回忆。但是受限于物质条件有限,房前的院子依旧是泥巴地。雨季,屋里屋外留下串串脚印。先是大脚印,后来多了小脚印……

2007 年,德宏州"十一五"重点工程——龙江弄另电站项目,已通过各项科学论证即将上马的消息像长了翅膀传遍了村村寨寨,对于高埂田村来说,这更是个沉重的消息。因为建电站,大坝蓄水会淹没他们世居的家园。这个消息像沉重的磨盘压在帕祖云和乡亲们的胸口。是呀,就要离开这块祖祖辈辈生活的故土,到一块陌生的土地上去生活,谁不惆怅,谁不眷恋呢?金窝银窝还是不如自己的土窝好,高田埂虽然偏僻,但也是热土难离啊。

面对群众对故土的眷恋和对新环境的顾虑,移民干部一方面召开群众大会给大家宣传移民搬迁扶持政策,另一方面给群众宣传移民新村发展蓝图。对思想上一时转不过弯的群众,采取一把钥匙开一把锁的思想工作方法,入户做耐心细致的思想沟通工作。其间,有的移民干部生病了,有的则是家里的老人生病、小孩上学,需要回家护理、照料,但他们都把这些事放在一旁,蹲在移民家里做艰苦的思想工作。功夫不负有心人,通过移民干部和风细雨的思想工作以及村

干部和党员的积极配合，村民们的思想禁锢打开了，进而转化为舍小家为大家，以实际行动支持全州重点工程建设的上马。

群众的理解、信任和支持，更是激发了移民干部强烈的工作责任心和建设热情。2007年3月8日，龙昌移民新村正式破土动工。在240多个建设日子里，移民干部充分发挥党员先进性，心系移民群众，坚守在建设工地上，对新居户型、村内道路、村民文化广场建设图纸、基槽开挖、建筑材料等严格监督把关。走村串寨，跋山涉水为移民新村群众寻找、协商、配置耕地。辛勤的汗水，洒满了移民群众的新家园，洒满了移民群众希望的田野。2008年春节，包括帕祖云家在内的高埂田村的183户666名淹没区移民（其中阿昌族为573人）正式搬进了新村。新村取名"龙昌"，意为从龙江畔搬迁来的阿昌族，在今后的日子里更加繁荣昌盛。家家户户挂春联、燃鞭炮，感谢党和政府的关怀和温暖，感谢移民干部的辛勤努力和工作，让阿昌族移民群众过上美好生活。

住进了龙昌新村的青砖铁皮房，乡亲们在坝区的生活节奏明显加快了，思维也更加活络。在移民干部帮扶启发以及好政策的支持下，帕祖云做包工头承包工程，妻子打零工，家里种水稻和蔬菜，日子一天比一天好起来。帕祖云常常感叹："树挪窝死，人挪窝活，有道理！"

2018年，搬迁后的第十个年头，随着生活水平的显著提升，帕祖云把铁皮房拆掉，在300多平方米的地基上建起了三层的庭院房，正房有7个房间、2个客厅、4个卫生间、1个储物间。正房旁边建起一间大厨房，院里铺上防滑石砖。院里院外，从老家带下来的兰花开得热闹。

鲜竹笋炖鸭、干腌菜煮鱼、防风根烀鸡……已经"半退休"状态的帕祖云还是耐不住清闲，又开起饭馆当起老板，道道阿昌菜都是拿手菜，更是饭馆的招牌菜。老食客带来新食客，新食客变成老食客。

入夜，食客散去，一轮明月挂上天空。帕祖云沏上一壶茶，在院子里的躺椅上躺下，欣赏夜空中的点点繁星。回忆这半生的安居史，这是高埂田阿昌乡亲们的幸福发展史，也是中国共产党带领大家的致富史。日子越过越红火，道路越走越宽敞。帕祖云由衷地笑了。

深山走出脱贫路
云南人口较少民族脱贫发展之路

让每一个阿昌同胞
过上好日子

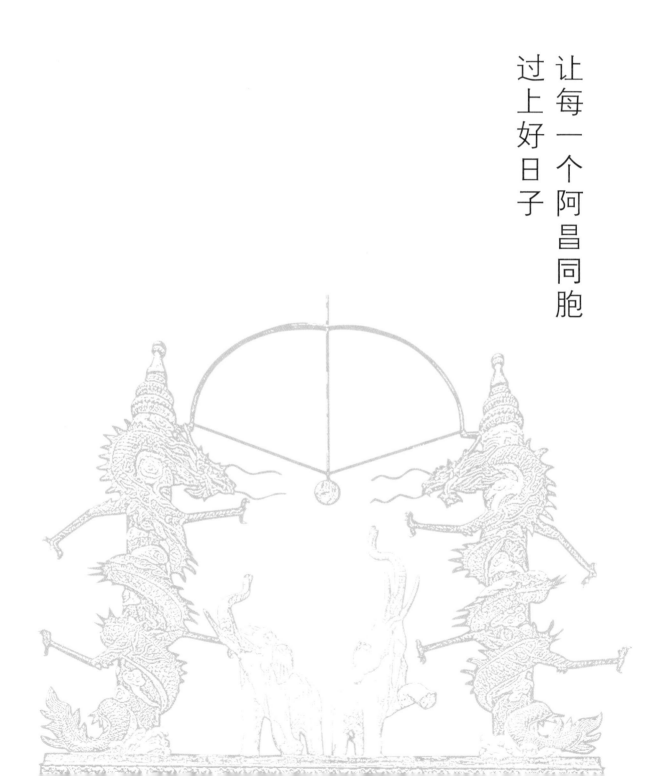

党的十八大以来，以习近平同志为核心的党中央高瞻远瞩，从更好满足人民日益增长的美好生活需要出发，把逐步实现全体人民共同富裕摆在更加重要的位置上，组织推进人类历史上规模空前、力度最大、惠及人口最多的脱贫攻坚战。党的十九大把精准脱贫作为三大攻坚战之一作出部署，举全党全社会之力推动乡村振兴，充分彰显了中国精神、中国价值、中国力量。

对口扶贫是国家一项重要的扶贫开发政策。1996 年 10 月，中央召开了扶贫开发工作会议，在《关于尽快解决农村贫困人口温饱问题的决定》中确定了对口帮扶政策，要求北京、上海、广州和深圳等 9 个东部沿海省市和 4 个计划单列市对口帮扶西部的内蒙古、云南、广西和贵州等 10 个贫困省区，双方应本着"优势互补、互惠互利、长期合作、共同发展"的原则，在扶贫援助、经济技术合作和人才交流等方面展开多层次、全方位的协作。此项扶贫政策既是对"两个大局"战略的回应，也是"共同富裕"的体现。

习近平总书记在云南调研时强调："全面建成小康社会，一个民族都不能少。要加快少数民族和民族地区发展，让改革发展成果更多更公平惠及各族人民。"[1]充分显示了党中央对民族聚居地区和少数民族群众的关怀。云南省委、省政府和国家烟草专卖局将"整乡推进整族帮扶云南人口较少民族"这个光荣而艰巨的使命"对口"交给了云南省烟草专卖局（公司）。

接到任务之后，云南省烟草专卖局（公司）和德宏州委、州政府认真贯彻习近平总书记扶贫开发战略思想和考察云南重要讲话精神，坚决落实省委、省政府对挂联帮扶工作部署，把阿昌族整族帮扶作为一项重大的政治任务，全力以赴推进帮扶各项工作，将党中央和省委、省政府、国家烟草专卖局的关爱实实在在落实到阿昌族整族帮扶工作中。帮扶工作紧紧围绕精准扶贫、精准脱贫的要求，

---

① 《新征程上，一个都不能少》，求是网，2021 年 4 月 28 日。

以建设"幸福阿昌"为载体，坚持"党委政府主导、群众主体、企业帮扶、社会参与"的原则，紧紧围绕"两不愁三保障"和"六个精准"目标，在德宏州阿昌族聚居区全面实施"基础设施、民居保障、产业增收、综合推进"四大工程建设，帮助阿昌族群众实现脱贫致富奔小康的目标。

云南省烟草专卖局（公司）对阿昌族的帮扶涉及德宏州的陇川县、梁河县、芒市3个县（市）10个乡镇33个行政村311个村民小组，共有人口16822户70630人，其中阿昌族人口5769户27179人，2015年三个乡共有建档立卡贫困户2670户11522人，贫困发生率为8.9%，帮扶地区人均年收入6236元。

在云南省烟草专卖局（公司）参与帮扶工作开展三年来，累计投入项目资金12.46亿元，完成计划数11.58亿元的108%，其中，烟草投入资金8.94亿元，完成计划数8.5亿元的105%（其中，拨付帮扶资金6.17亿元，烟叶生产基础设施建设投入1.3亿元，援建2件阿昌族区域水源工程项目投入1.47亿元），整合资金3.56亿元，完成计划数3.04亿元的117%；组织实施帮扶项目2512个（其中，烟草帮扶资金项目438项、部门整合项目135项、水源工程2件、烟草基础设施建设项目1937件）；三年累计新增加烟叶种植计划8万担，实现总产值1.1亿元，亩均年收入3800元，达到"种植一亩烟叶脱贫一个人"的帮扶效果；项目区农村居民人均年可支配收入三年增加4000元以上，圆满实现过万元的预期目标。

通过三年的帮扶，德宏州阿昌族聚居区基础设施得到全面提升，农村居民生产生活条件发生了巨大改变，农村人均可支配收入大幅提高，贫困户大批脱贫，贫困发生率大幅下降，"幸福阿昌"目标全面实现。既圆满完成省委、省政府安排的工作任务，也显著地体现出"对口帮扶"的优势和特色。

从云南省烟草专卖局（公司）参与帮扶工作的实践来看，"对口帮扶"彰显了中国特色社会主义制度的显著优势。帮扶过程中，坚持发挥政府、市场和社会三方面的力量作用，构建各负其责、合力攻坚的责任体系，调动规模空前的人力、物力、财力，汇聚起助力对口帮扶地区脱贫攻坚和乡村振兴的磅礴之力，形成了政府、社会、市场互动和行业扶贫、专项扶贫、社会扶贫联动的工作格局。帮扶过程中，对口地区与受援双方的同向发力缺一不可。云南省烟草专卖局（公司）坚持"两服务、两统一"原则，将对口帮扶工作纳入受援地党委、政府统一领导，将资金项目安排纳入对口帮扶地区脱贫攻坚和乡村振兴统一规划；坚持落实两地高层互访、工作会商等机制，会同对口帮扶地区强化顶层设计、

强化工作协同；坚持对帮扶对象实行精细化管理，对帮扶资源实行精确化配置，对帮扶对象实行精准化扶持，确保帮扶资源真正用于帮扶对象、帮扶地区。同时，对口地区资源禀赋与帮扶单位优势的有机结合也分外重要。在推进对口帮扶过程中，云南省烟草专卖局（公司）注重将受援双方所需与所能有机结合，促进援受双方优势互补、互利互惠、长期协作、共同发展，用"一片金叶子"，让受援群众靠自己的努力改变命运。

 打赢脱贫攻坚战

我们党通过强化政府责任，引导市场、社会协同发力，构建了专项扶贫、行业扶贫、社会扶贫互为补充的大扶贫格局。推进东西部扶贫协作，东部地区不断增强责任意识和大局意识，努力帮助西部地区打赢脱贫攻坚战；中央单位定点帮扶贫困县，示范带动地方层层组织开展定点扶贫工作；中央企业开展"百县万村"扶贫行动；民营企业家积极参与"万企帮万村"精准扶贫行动。近年来，通过消费扶贫逐渐形成了全民参与扶贫的氛围。在各方帮扶下，广大困难群众增强了脱贫致富的内生动力和本领。云南省烟草专卖局（公司）对阿昌族的帮扶就是行业扶贫的范例之一。

2015 年 1 月，习近平总书记考察云南时作出"全面实现小康，一个民族都不能少"的重要指示。2 月，时任省委副书记、省长陈豪在云南烟草调研时提出云南烟草、工商两家各选一个人口较少民族进行整族帮扶的要求。国家烟草专卖局高度重视并大力支持，同意由云南省烟草专卖局（公司）代表行业参与人口较少民族帮扶工作；4 月，省委、省政府在昆明召开人口较少民族整族帮扶工作协调会，确定云南省烟草专卖局（公司）对口帮扶德宏州阿昌族。为贯彻落实习近平总书记重要指示，按照省委、省政府和国家烟草专卖局决策部署，省烟草专卖局（公司）切实统一思想，充分认识做好阿昌族帮扶工作的重要性、紧迫性，进一步增强责任感和使命感，多次与德宏州委、州政府召开协调联席会，深入帮扶区进行调研，制定帮扶方案上报省委、省政府。省委、省政府高位推动阿昌族帮扶工作，2015 年 7 月，在陇川县召开了阿昌族整族帮扶项目启动会，正式拉开阿昌族整族帮扶工作帷幕。2016 年 2 月 7 日，原中共云南省委书记李纪恒，时任省委副书记、省长陈豪视频调研阿昌族整族帮扶梁河县关璋新村建设。2 月

16 日，陈豪到梁河县调研阿昌族整族帮扶工作。

三年来，云南省烟草专卖局（公司）领导先后 32 次深入德宏州进行专题调研，与德宏州委、州政府召开 5 次联席会议、5 次专题会议和 16 次座谈会，共同研究部署帮扶工作。云南省烟草专卖局（公司）成立以主要负责人为组长，班子其他成员为副组长的帮扶工作领导小组。成立帮扶工作队，推荐 2 名优秀干部到陇川县、梁河县担任帮扶工作队队长，直属单位德宏州烟草专卖局（公司）、云南香料烟有限责任公司相应成立帮扶领导工作机构，抽调 8 名工作人员派驻州县项目管理局，并选派 3 名科级干部分别到 3 个帮扶乡挂职，从机关处室和直属单位抽调 26 名优秀干部组建帮扶工作队。整合全省烟草商业资源，充分发挥直属单位优势，积极组织 24 家直属单位结对帮扶德宏州阿昌族 26 个行政村非烟产业发展工作，明确各单位每年增加 30 万至 50 万元的帮扶资金，按照年度选准 1~2 个帮扶项目，制订完善各单位对口帮扶三年工作方案和年度帮扶计划，积极推动阿昌族整族帮扶工作。

通过三年的努力，阿昌族整族帮扶成为企业帮扶的典型和示范，成为人口较少民族脱贫攻坚的生动实践，成为德宏脱贫攻坚战场上的示范者和领跑者，项目区发生了五个方面的巨变。

生产生活条件发生巨大改变。在项目的推进过程中，云南省烟草专卖局（公司）和德宏州委、州政府针对项目区基础设施差，人居环境差，危房存量大的实际，有针对性地提出了实施"基础设施改善、人居环境提升、农村危房改造"为重点的基础设施、民居工程和综合推进工程，从群众最关心、最关注的问题着手，从最难的问题抓起，全面吹响阿昌族帮扶的集结号。在人居环境改善提升方面，投入 4.234 亿元修建了 143 条道路 253.79 千米、安装路灯 1187 盏、开展村庄整治 11 个，解决了村寨的脏、乱、差问题，使项目区村寨基础设施得到了全面改善，人居环境得到全面提升；在民居建设方面，共投入资金 1.5796 亿元，实施完成 3319 户民房建设，民居建设覆盖率达 24.2%，农村危房得到排除，项目区群众居住安全得到保障，住有安居基本实现；在生产条件改善方面，投入资金 1.3 亿元，组织实施 1937 件田间基础设施建设项目，低产田变成了整齐规则、旱涝保收的高标准农田，费时费工的落后生产方式向排灌方便、机械下田省时省工的先进生产方式转变，农田基础设施有了质的蜕变；投资 8505.42 万元建设的梁河县箐头河水源工程项目，有效解决了梁河县县城周边及下游村镇 8965 亩农田灌溉用水和 5.6 万人、1.2 万头大牲畜饮水困难问题。在教育卫生方面，共投入资金

5482 万元，建设完成 27 个教育项目，建设卫生室 7 个，卫生院楼 1 栋，购买医疗设备 4 台（套），教育卫生的硬件建设和软件设施得到了大幅完善和全面提升，教学环境得到了较大改善，有效解决了项目区学生就学困难和群众看病就医困难的问题，项目区群众的教育医疗得到了保障；在农村饮水安全方面，共投入资金 1643.7 万元，建设完成饮水工程 45 件，实现项目区村村通自来水，户户有安全饮用水的目标，项目区群众饮水安全得到全面保障。

农村居民收入大幅提升。省烟草专卖局（公司）和德宏州委、州政府紧紧抓住产业扶贫这个"牛鼻子"，以产业增收工程为抓手，采取"1+N"的帮扶方式，在抓好烟草产业的同时，精准因户施策大力培育种养殖优势特色产业，引导农户成立了专业合作社，不断提高产业组织化程度，共组建专业合作社 126 个，目前项目区贫困户都有了 1~2 项稳定的产业和就业保障，项目村均成立了专业合作社，有了村集体经济，贫困群众的组织化程度进一步提高，收入持续稳定增长，形成了以烟叶种植为主，养殖、种植产业为补充的产业布局。项目区农村居民人均年可支配收入从 2015 年的 6236 元增加到 2017 年的 8771 元，预计 2018 年增至 10345 元，年均增幅高于全省、全州、全县平均水平，将圆满实现项目区收入过万元的预期目标，成为全州农村经济增收的亮点和榜样。

赶集路上（摄影：张彤）

贫困发生率大幅下降。通过三年帮扶，项目区累计实现脱贫2412户9943人，贫困发生率从2015年的8.9%降至2017年的4.35%。其中，陇川县户撒乡累计脱贫619户2672人，梁河县九保乡累计脱贫220户901人，曩宋乡累计脱贫1054户4337人，其他项目村累计脱贫519户2033人，预计项目区2018年贫困发生率将下降至2.06%，实现阿昌族聚居区整乡、整村脱贫出列，成为德宏州脱贫攻坚战场上的示范者和领跑者。

教育帮扶成绩突出。在注重资金和项目帮扶的基础上，云南省烟草专卖局（公司）和德宏州委、州政府将教育扶贫作为重点，将教育扶贫作为斩断贫困代际传递的重要抓手，多措并举，加大教育扶贫工作力度，彻底解决因学致贫问题。把教育培训作为"拔穷根"的长效措施，当作治本之策，累计投入教育帮扶资金2577万元，建设了14所学校，新建的关璋小学、横路小学成为标准化完小，学生免费在校吃住，解决了家庭负担，学生也能安心学习。积极组织开展德宏州阿昌族在校大学生助学活动。三年来，省烟草专卖局（公司）共计捐赠扶贫助学资金529.5万元，对德宏州3个阿昌族乡农村户口880名在校大学生每年每人给予5000元的助学补助，共发放助学金440万元，圆了阿昌族学子的大学梦。[1]积极争取上海烟草集团、上海汽车集团对帮扶项目的支持，组织向德宏州陇川县、梁河县阿昌族中小学校捐赠价值200多万元的设备，使乡村学生的学习生活更加便利。

党建促扶贫取得显著成效。在阿昌族帮扶工作推进实施中，云南省烟草专卖局（公司）和德宏州委、州政府把创建边疆党建长廊与加强基层党组织建设相结合，充分发挥基层党组织堡垒作用和调动共产党员先锋模范作用，整合驻村工作队、挂联干部、24家基层直属单位党组织等一切力量参与帮扶工作。过去，阿昌族群众小农观念严重，安于现状、"等靠要"突出，"没钱没米找政府，有点余钱买酒喝"的情况比较普遍。如何转变群众的落后观念，成为帮扶的一项重要内容。首先，是认真组织开展"自强、诚信、感恩"系列主题教育。播放宣传片、入户宣传，用身边的典型示范教育带动，让群众"学有榜样、赶有目标"，自觉向标兵和典型看齐。其次，是"富口袋"，增强自我发展能力。通过扶持产业发展，

① 中共云南省委宣传部、云南省社会科学院：《边疆人民心向党》，云南人民出版社，2021，第158页。

阿昌族群众积极融入市场，电商平台得到推广应用，收入大幅度增加，群众从"要我脱贫"向"我要脱贫"转变，项目贫困区群众"两不愁三保障"得到全面实现，群众的普惠感、获得感和幸福感普遍增强。阿昌族充分认识到没有党和政府的温暖关怀就没有今天幸福美满的生活，更加坚定了感党恩、跟党走的信念和与全国人民共同步入全面小康社会的信心。

 帮扶在路上，总结在路上

阿昌族整族帮扶工作开展以来，在省委、省政府和国家烟草专卖局的正确领导下，省烟草专卖局（公司）与德宏州委、州政府创新思路、创新方法，创造性地推进各项工作，圆满完成各项目标任务。具体归纳下来，工作中做到了"五个创新"。

1. 创新体制机制

在阿昌族整族帮扶的过程中，省烟草专卖局（公司）和德宏州委、州政府创新体制机制，成立了由省烟草专卖局（公司）和德宏州党政领导为双组长的领导小组，同时借鉴烟草项目管理的经验，首次在扶贫项目管理中成立县、乡两级项目管理局，从项目推进之初就进行规范管理，负责统筹阿昌族帮扶项目的组织实施，为阿昌族整族帮扶项目科学管理、规范管理提供坚强有力的组织保障。

2. 创新制度设计

结合德宏州阿昌族聚居区实际编制《德宏州阿昌族整乡推进整族帮扶脱贫发展总体方案（2015年8月—2018年8月）》并得到省扶贫开发领导小组的批准，为全面打赢阿昌族聚居区脱贫攻坚战提供了依据。同时，制定出台了《德宏州阿昌族整乡推进整族帮扶项目实施暂行办法》；制定出台资金监督、财务收支等制度，规范了资金管理；制定出台了项目督查工作办法，明确项目的督查主体和督查办法；建立了督查工作联席会议制度、督查工作信息通报制度，明确责任追究（责令整改、通报批评、工作约谈、行政问责）的四种形式，为制度通上"高压电"；制定了《德宏州阿昌族整乡推进整族帮扶综合考核暂行办法》，建立健全项目实施责任评价、考核机制，上述制度的建立为阿昌族整族帮扶工作的有序开展提供了制度保障。

3. 创新管理模式

在阿昌族帮扶项目的推进中，云南省烟草专卖局（公司）和德宏州委、州政府创新管理模式，州、县党委、政府从扶贫、农业、水利、林业等部门抽调人员成立州、县两级项目管理局，并委派州县扶贫办主任担任项目管理局局长；烟草公司派员全程参与，派出精兵强将进驻项目管理局，配合抓好项目管理、资金监管等工作；项目管理局开设帮扶资金专户，实行专户存储、专人专管、专款专用；同时建立严格的工程管理办法，对项目建设管理全过程提出了明确要求，项目实行季度检查、年度验收、年度审计，科学严谨的管理为项目的顺利实施打下了坚实基础，目前项目已基本实施完成。三年帮扶任务完成后，撤销州、县项目管理局，结余资金交由地方政府按照扶贫专项资金管理规范使用。

4. 创新帮扶模式

在帮扶过程中，云南省烟草专卖局（公司）进一步创新帮扶模式，教授理念、传授技术，针对项目贫困区得天独厚的气候优势、资源优势，提出了"1+N"的发展模式：即以烟叶为主，N个非烟产业齐头并进的模式，发展壮大项目区农业产业。具体的做法是："以3+2的规划思路"，突出发展烟叶生产，在项目贫困区发展壮大烟叶种植，2016年新增3万担烟叶种植计划，2017年再增加2万担烟叶种植计划，使烟叶种植成为项目贫困区农民增收的支柱产业。2018年产季，项目贫困区完成烟叶种植面积4.4万亩，收购烟叶22万担，实现产值3.1亿元，烟叶税收6317万元，惠及项目区烟农8663户36896人。同时突出特色按照"一乡一品""一村一品"的布局，采取"龙头企业+专业合作社+贫困户""专业合作社+养殖小区+贫困户"的方式，抓好优势特色产业的发展。三年来，共组建专业合作社126个，建成养殖小区18个，推广稻田鱼养殖8280亩，茶园改造2160亩，种植滇皂荚1321亩、猕猴桃940亩，一大批产业得到发展壮大，2017年产生经济效益6530万元。

5. 创新示范引领

按照"试点探索、全面推进、整体提升"工作思路，云南省烟草专卖局（公司）和德宏州委、州政府将阿昌族人口多、贫困程度深、基础条件差的曩宋乡关璋村、九保乡横路村、户撒乡户早村和潘乐村作为阿昌族整族帮扶示范村。示范村坚持规划引领，通盘布局的原则，采取新旧结合、依山就势、因地制宜，保留阿昌族村寨风貌特色，结合旅游开发的需要率先在4个村寨开展了新村建设、老村改造、新旧结合的示范村建设试点工作，示范村建设以村内基础设施、民居

建设、学校、卫生室、养殖小区、文化广场等基础设施建设为重点，按照美丽乡村建设的标准，通过努力达到了"十有"标准，即：有安全的民居、有硬化的村内道路、有文化活动室及广场、有标准化的学校和卫生室、有标准的养殖小区、有路灯、有安全的饮水、有安全的生产生活用电、有宽带网络和有稳定的手机信号，打造出民族特色浓郁、留得住乡愁的阿昌山寨，为德宏州的美丽乡村建设提供了样本，为乡村振兴提供了参考。

在项目实施过程中，无处不体现出，要把工作做好首先离不开党的领导，离不开企业的真心帮扶，离不开群众的广泛参与，离不开各级各部门的通力协作和社会各界的大力支持，总结起来有以下五条经验：

1. 党委、政府主导是核心

脱贫攻坚的主体责任在各级党委、政府，只有认真履行好主体责任，帮扶工作才能抓好。阿昌族整族帮扶工作之所以能够取得好成绩得益于德宏州、县两级党委、政府坚强有力的组织领导，坚强有力的履职担当，各项帮扶工作只有在党委、政府的统一领导下，充分发挥地方和企业的积极性，调动基层干部和阿昌族群众的能动性和创造性才能把工作抓好。始终坚持"党委政府主导、群众主体、企业帮扶、社会参与"的原则，明确党委、政府的主体责任，由党委、政府统一安排部署，统一协调推进，党政"一把手"认真履行帮扶第一责任人责任，层层压实责任，各项工作顺利推进。

2. 企业帮扶是保障

自阿昌族帮扶工作启动以来，云南省烟草专卖局（公司）采取"资金支持、项目支撑、制度保障、全程参与"的帮扶模式，举全省烟草商业之力进行帮扶。做到了出钱、出物、出力、出人、出智，做到了全程参与、全程监督、全程跟踪问效，不当甩手掌柜，把阿昌族群众的事当作自己的事，真情投入、真心付出，为整个阿昌族帮扶工作的快速推进和目标任务的完成提供了坚强有力的保障。

3. 创新方式是动力

在整个项目实施过程中，创新始终贯穿在帮扶的全过程，省烟草专卖局（公司）和德宏州委、州政府采取了"五个创新"抓工作，将创新的理念、创新的方法运用到阿昌族整族帮扶工作中，做到了创新体制机制，创新制度设计，创新管理模式，创新帮扶模式，创新示范引领，加快了项目建设，加快了脱贫的步伐。

4. 整合资源是关键

阿昌族帮扶工作在云南省烟草专卖局（公司）和州委、州政府的统一指挥、协调下，各级各部门紧密团结，通力协作，形成了全州一盘棋、上下一条心、部门各司其职、群众积极参与，党委、政府齐抓共管、共同推进的工作格局。省烟草专卖局（公司）和州委、州政府及时研究、解决帮扶工作中出现的困难和问题，确保项目落实、高位推动；通过多种媒体平台广泛宣传，动员全社会各界力量帮助阿昌族同胞，对全州行业部门和社会资源进行统筹协调，集中发力，把阿昌族整族帮扶工作与"挂包帮""转走访"、全州的产业发展、城乡环境综合整治、易地搬迁三年行动等重点工作相结合，充分利用政策优势和技术力量，合力推进各项阿昌族帮扶项目。

5. 发挥群众主体作用是基础

在对阿昌族全族帮扶工作推进实施中，云南省烟草专卖局（公司）和州委、州政府高度重视教育引导和宣传，注重汇集群众的智慧和力量，群策群力，依靠群众力量办成群众受益的事。积极发挥基层党组织的作用，调动一切力量参与帮扶工作，把帮扶工作的目标、政策、内容和措施印制成册，作为宣传培训资料进行宣传讲解并发放到群众手中。积极开展宣传、教育、培训和组织工作，使群众变"被动干"为"主动干"、变"要我干"为"我要干"，主动投身到整族帮扶工作中来，有效地发挥了群众在脱贫攻坚中的主体性作用。

奔小康，一个也不能少

脱贫攻坚是一项系统工程、民心工程，目前阿昌族帮扶项目已全面完成，阿昌族群众如期圆梦小康，与全国各族人民共享扶贫成果。在下一步的工作中，省烟草专卖局（公司）和德宏州委、州政府将按照省委、省政府的扶贫工作部署，继续做好扶贫工作，为全省各族人民全面实现小康作出努力。

全面助力贫困人口和贫困地区与全国人民一道迈入全面小康社会是国有企业的重大政治责任，依据省委、省政府对云南烟草商业挂联德宏州阿昌族整族帮扶工作部署和要求，云南省烟草专卖局（公司）与地方各级党委、政府密切配合，确保德宏阿昌族三年帮扶工作圆满收官。针对今后 2019 年和 2020 年云南烟草商业挂联帮扶任务，云南省烟草专卖局（公司）位于德宏州的两家直属单位德宏州烟

草专卖局（公司）和云南香料烟有限责任公司将大力支持阿昌族后续扶贫工作开展，云南省烟草专卖局（公司）将按照省委、省政府的统一部署和要求，积极与地方党委、政府就落实好省委、省政府明确的脱贫攻坚工作要求保持有效沟通，将企业挂联扶贫工作与地方经济和社会发展、与烟草产业发展、与提升当地贫困地区农民群众素质和智力相结合，以项目帮扶的方式，积极争取国家烟草专卖局对地方脱贫帮扶工作的支持，研究制定切实可行的烟草帮扶工作方案报省委、省政府。

德宏州委、州政府还结合三年行动计划和项目库建设，聚焦贫困村、贫困户，按照精准扶贫、精准脱贫的要求，补短板，强弱项，促攻坚，继续抓好阿昌族帮扶工作。具体体现在六个方面。

在巩固提升上下功夫。继续推进产业发展、民居建设、生产条件改善和基础设施建设等各项工作，以产业发展为重点，以经济增收为主线，加大成效明显、效益突出项目的投入，不断夯实群众增收基础，确保阿昌族帮扶成效进一步巩固和提升。

百日攻坚战启动会（摄影：佚名）

67

在创新创造上下功夫。加大招商引资力度，大力培育壮大龙头企业，积极指导群众成立专业合作社，不断提高项目区产业组织化程度。充分发挥资源优势，大力开发绿色有机产品，引导群众利用"互联网＋专业合作社＋电商等新业态"的思维模式发展产业，积极开展线上、线下产品销售和品牌宣传，打造全新的产业发展新模式。

在推进全面小康上下功夫。继续整合各种资源，不断加大项目区的投入，全面推进和加快项目区教育、卫生、产业、基础设施等各项社会经济事业的发展，确保项目区群众与全国、全省一道迈入小康社会。

在完善体制机制上下功夫。采取"谁受益、谁管理"的办法，将项目移交给当地群众，进一步建立健全和完善项目管理制度，制定县、乡、村三级管理办法，形成县级指导、乡级管理、村民约定的管理机制，确保项目持续、长期发挥效益。

在教育引导上下功夫。通过电视、微信、报纸等媒体，进一步加大对群众宣传教育和引导工作，切实转变群众思想观念，调动群众的创造性和能动性，发扬自力更生、艰苦奋斗的精神，积极投身到家园建设中来，使项目区的发展再上一个新台阶。

在示范引领上下功夫。进一步推进横路村、关璋村、户早村和潘乐村4个示范村建设，在软实力上下功夫，突出民族特色，打造旅游精品，使4个示范村的基础设施更加完善、功能配套更加齐全、环境更加优美，将示范村打造成全州乃至全省美丽村寨建设的典范和乡村旅游的示范项目。

深山走出脱贫路

云南人口较少民族脱贫发展之路

用产业发展，
铺好幸福之路

发展产业是实现脱贫的根本之策，产业兴旺是解决农村一切问题的前提。2018 年 10 月 23 日，习近平总书记在广东考察时强调：产业扶贫是最直接、最有效的办法，也是增强贫困地区造血功能、帮助群众就地就业的长远之计。要加强产业扶贫项目规划，引导和推动更多产业项目落户贫困地区。党的十八大以来，各地农业农村部门持续推进贫困地区产业发展，全国 832 个贫困县累计建成各类产业基地超过 30 万个，98% 的贫困户享受产业扶贫政策，贫困地区产业发展条件显著改善，为巩固拓展脱贫攻坚成果同乡村振兴有效衔接打下坚实基础。统计数据显示，目前我国脱贫人口当中有超过 80% 是通过发展产业和外出务工来实现收入可持续增长的。2021 年，我国脱贫地区特色主导产业产值超过 1.5 万亿元，脱贫人口人均纯收入达到 12550 元。2021 年，中央衔接推进乡村振兴补助资金投入 1561 亿元，其中用于产业发展的比例就超过 50%。[①] 2020 年 3 月，习近平总书记在决战决胜脱贫攻坚座谈会上强调："要加大产业扶贫力度。"产业扶贫是贫困地区内生发展活力和动力的"推进器"，是脱贫攻坚稳定和持续发展的根本路径。要使贫困地区真脱贫、脱真贫，就必须有产业的支撑和引领。

户撒"三宝一绝"，用来致富真好

户撒阿昌族乡位于德宏州陇川县西北部，是一个以阿昌族为主体的民族乡，也是全国最大的阿昌族聚居地，全乡辖 11 个村民委员会，136 个村民小组，全乡共有 5717 户 26637 人，其中阿昌族共有 2970 户 14155 人，分别占全乡户数和人口数的 52.96% 和 54.56%，辖区内还居住着傈僳族、景颇族、回族、

---

① 孙庆珍：《以产业兴旺巩固脱贫攻坚成果》，《大众日报》2022 年 10 月 25 日。

傣族、德昂族等少数民族。①户撒居民自古依山环坝而居，村落星罗棋布，田园风光秀丽。域内人口聚居的户撒坝是一个狭长的小盆地，青山环绕，户撒河蜿蜒流淌其中，山里有丰盛而茂密的多样生物，生态良好，环乡公路将户撒坝子的东线和西线有效接合在一起，道路两旁种植着油菜、小麦、水稻等农作物，环乡一周即可将户撒美景一览无余。2018 年 10 月 23 日，云南省委书记陈豪到户撒调研，提出将户撒打造为中国最美乡村的目标定位。如今的户撒发展紧紧围绕"一镇、一环、一廊、七个组团"最美乡村旅游总体规划，正朝着最美乡村迈进。

人人都说户撒好，"三宝一绝"人人晓。其中"三宝"即户撒刀、银佩饰、户撒草烟，而"一绝"则是美食"过手米线"。产业扶贫要因地制宜、科学规划，根据不同地区具体情况采取适宜的办法。在充分调查研究的基础上把脉问诊，才能定好盘子、理清路子、开对方子，精准发力，才能使扶贫扶到点上。"三宝一绝"不仅集中凸显了阿昌族传统文化和边境风情，还在脱贫攻坚过程中打出了名声，打出了成绩，在带领乡亲们致富奔小康的过程中也传承推广了阿昌族文化。

弄璋自然村（摄影：佚名）

① 孙庆珍：《以产业兴旺巩固脱贫攻坚成果》，《大众日报》2022 年 10 月 25 日。

🔥 户撒刀的新篇章

户撒刀在阿昌语的发音类似于汉字读音的"孟所帽"，也叫阿昌刀，它是因产于阿昌族聚居的陇川县户撒乡而得名。它既是生产劳动的工具，也是民族体育发展中重要的武器。在原始时期，户撒刀是阿昌族开山辟路、刀耕火种的重要劳动工具。在时代的演进过程中，户撒刀已逐渐演进为一种民族防身自卫、抵御野兽、抗击侵略的重要武器，有着悠久的历史。"阿昌族的手工业较发达，其中有打铁业、银饰加工业、木竹器加工业等。特别是打铁业，所打制的铁器种类多样，大多以一个村寨专打制一种铁器。如海喃寨专门制作犁头，下曼东寨专门制小尖刀，芒旦、新寨等专门打制大长刀，芒来寨善做马掌，而户撒芒东寨则多打锄头，户拉寨制刀鞘，来福寨打制砍刀等。"[1]阿昌族人民非常爱刀，每家至少有一把长刀。男孩成年前家人会给他配上一把小匕首，借此希望他勇敢坚毅，等到成为青年男子结婚时，总是要身背长刀，方显得英姿勃勃，这种风俗一直延续到现在。生活中阿昌族也离不开户撒刀，户撒菜刀已成为阿昌人厨房的必备。户撒刀远近闻名，在《新纂云南通志》卷一四二说："卢撒、腊撒两长官司地所制之长刀，铁质最为精炼，与木邦刀无二。"20世纪以后，户撒刀在整个中国南方都较有名，所谓"北有保定，南有户撒"，享有很高的声誉。[2]因此，户撒刀作为阿昌族人智慧的结晶，在国内外享有极高的声誉。

户撒刀有三大特色：

（1）历史悠久。根据史料记载，户撒曾是明朝"三征麓川"（麓川位于云南西南端，大致位置在今天云南省德宏傣族景颇族自治州陇川县、瑞丽市一带，是明代西南的最边境地带，亦属于当时极度荒芜地区）时的兵工厂所在地。明洪武年间，沐英西征时曾留下一部分军队驻守户撒地区屯垦，他们将打制刀具的技术传给了阿昌同胞，户撒刀由此源起，至今已有600多年的历史。

（2）工艺精湛。户撒刀制作过程须经下料、制坯、打样、修磨、饰叶、淬火、创光、做柄、制带、组装等10道工序，尤以淬火技艺最为突出，通过热

① 云南省编辑委员会：《阿昌族社会历史调查》，民族出版社，2009，第4页。
② 李晓岑：《阿昌族的制铁技术及相关问题》，《广西民族学院学报（自然科学版）》2004年第2期。

处理使刀叶的硬度和韧性达到最佳状态，如史所称是"柔可绕指，吹发即断，刚可削铁"。在打制刀具时，一般选用云南保山、腾冲等地出产的钢材，放到炉火中反复加热、锻打、刮磨成刀坯后，再蘸水淬火。淬火技术要求很高，刀剑质量的好坏，往往取决于淬火技术的高低，户撒刀系列中有一种薄韧可弯的长背刀就是蘸水后经过香油回火，反复加工制成的，价值极高。这样一把长刀，不仅锋利无比，而且可以随意弯曲，不使用时，可像腰带一样围系在腰间，需要时解下，立即自然伸直，其技艺堪称一绝。

（3）品种多样且各具民族特色。户撒刀品种多样，目前设计出生产工具、生活用具及装饰性工艺品等三大类120多种样式种类，常见的有长背刀（长刀）、砍刀、腰刀、匕首、宝剑等，选材方面以背刀（长刀）和藏刀最为精巧和典型。譬如户撒长背刀（长刀），刀装部分选用的是中国云南和缅甸产的名贵木材楠木、红木、大叶紫檀、鸡翅木、乌木等，且是纯手工雕刻而成，因而极具收藏价值。

户撒刀一刀可断直径 10 厘米左右的竹子（摄影：桂金再）

早在 1979 年，国家主管民族特需品部门就曾委托陇川户撒地区生产藏族生产生活所需要的可用于装饰、剥畜皮、砍骨头和防身的多用刀。生产任务交由原户撒民族刀具厂承担，这种类型的刀具过去需要从印度进口，价格高昂，而经过考察对比，户撒阿昌技师打造的多用途刀不仅工艺精湛，质量上乘，完全能和印度刀媲美，而且价格仅是印度刀的十几分之一，深受藏族同胞的欢迎。1983 年，户撒地区生产的藏刀被国家民委、轻工部评为"民族特需工艺品最优产品"，

声名远播；1987 年，该厂生产的藏刀曾获 "云南省第三届民族用品优秀产品" 称号，产品国内远销黑龙江、内蒙古、青海、甘肃、西藏、吉林、河南、广西、四川等地区，国外销往缅甸、泰国、德国、日本、欧美等国家。2006 年 5 月 20 日，户撒刀锻制技艺经国务院批准列入第一批国家级非物质文化遗产名录；2007 年 6 月 5 日，经国家文化部确定，云南省陇川县的项老赛为该文化遗产项目代表性传承人，并被列入第一批国家级非物质文化遗产代表性项目 226 名代表性传承人名单。户撒乡现有非物质文化遗产代表性传承人 5 人；户撒刀锻制技艺传承人 3 人，其中国家级 1 人、省级 2 人。

时至今日，从事刀具锻造的农户已达 400 多户 1000 余人，间接参与户撒刀

户撒刀表演（摄影：徐俊）

制作的已有上万人，工艺较集中的村寨就有 10 多个，成为带动群众增收致富最大的手工艺之一。

如今，一把小小的户撒刀正改变着户撒乡家家户户的生活。经过多年发展，户撒刀的生产已经形成了一个生产链，刀心、刀把、刀鞘、编绳、银器装饰等主要集中在潘乐、户早、隆光、相姐、明社、曼炳 6 个村生产，整个户撒坝就好比一座手工业加工厂，各村寨就是它的车间，并各以一种产品闻名。目前，除户撒

本地 300 户传统制刀家庭外，外出到各省市制刀的阿昌人达 3000 多人。

户撒刀匠人李德永出生于户撒连地寨铁匠世家，从事刀具生产已有半个世纪之久，其子李成强现在子承父业，也成为户撒远近闻名的刀匠。要学好户撒刀制作的精湛锻制技艺，是一个艰苦的过程，李德永坚持了下来，李成强也坚持了下来。通过不断改进工艺，最终形成了李家户撒刀特有的品质和特征。

但随着时代的发展，传统匠人手工艺受到了大机器标准化生产的冲击。传统工艺的"不适应感"、与时代脱节的疏离感和市场需求萎缩的无力感，让工艺刀具市场份额慢慢减少。如何紧跟时代步伐，把户撒刀产业做大做好？这些问题随着云南省烟草专卖局（公司）进驻德宏州阿昌族聚居区，对阿昌族开始帮扶，逐渐被扶贫驻村工作组的行动力所解答。为了力促户撒刀成为一个让广大阿昌同胞都受益的产业，云南省烟草专卖局（公司）驻村工作队仔细调研思考、群策群力为传统手工艺的发展带来了新的发展理念，那就是围绕创新做文章。在刀的设计上要更贴近现代生活需求，让更多的消费者爱上户撒刀，而"爱"的首要因素，则是亲近感。

因此，在传统户撒刀制作的工艺上，要将时尚感和实用性注入其中，让户

户撒刀质量比拼（摄影：张彤）

撒刀的传承之路越走越宽。要做好传承与发展。在原有阿昌族制刀工艺的基础上，不断吸收其他工艺，不断融入现代新工艺，让古老工艺与现代技术融合，使阿昌族户撒刀传统锻制技艺发扬光大。

在云南省烟草专卖局（公司）的帮扶下，户撒的公路修好了，村寨建设水平提升了，相应的基础设施也渐渐配备完善，户撒这个边陲小镇的名声越传越远，来户撒的人也越来越多。极具民族特色的户撒刀与当地旅游相得益彰，更让户撒刀名扬四海。现在的户撒刀已走出云南，不仅销往北京、西藏、青海、新疆、甘肃、内蒙古等地，也销到了缅甸、泰国和印度等国。2020年，户撒乡年均生产销售了4万多件各类刀具，年均收入4000多万元，从业人员高达3000多人，几乎占全国阿昌族3.9万多人口的一成。如果一个从业人员带动2人脱贫，那么就是带动了12000多人脱贫，占整个民族的比例不小！

在户撒刀产业蓬勃发展之下，当地匠人也不忘户撒文化的传承。在政府的扶持下，李德永在他家制刀工厂旁边建了一个乡村文化遗产展览馆。来这里参观的人可以观摩制刀的过程，也可以在展览馆里探寻阿昌族的历史和户撒刀的传说。

徜徉在闪闪银饰中的幸福生活

阿昌族银佩饰种类丰富、工艺复杂、精巧细致，主要有银插针、银耳环、银项链、银手镯、银戒指、银纽扣、银衣链、银腰链、银泡花、银花饰以及银饰"挂膀"等。各种银佩饰都是由阿昌族民间银匠手工制作而成。

对于阿昌同胞来说，精巧闪耀的银饰物不仅是男女服装的佩饰物，而且还是财富和光明的象征。阿昌族对银饰非常喜爱，腊撒的阿昌姑娘和年轻妇女们的服装上缀满了银佩饰，胸前并排4个银纽扣挂着4排每根长8厘米的银链子，腰系6根银链子，链子拴着银灰盒，手腕上戴着银泡花手镯或银质编物、手镯。①另外，民间还认为用银子做饰物佩戴，可以消灾辟邪，使人吉祥平安。户撒银器制作吸收了各少数民族的文化精髓，逐步形成了独具地方特色的银器制作工艺。

做传统阿昌族银饰的手艺传到银饰技艺传承人李换芝这里已经是第九代了，

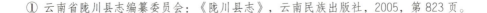

① 云南省陇川县志编纂委员会：《陇川县志》，云南民族出版社，2005，第823页。

陇川户撒阿昌族青年女子服饰（摄影：张家平）

她技艺高超，作品别具匠心，现在已成为陇川县买顺民族银器有限公司的负责人了。手艺需要传承，她的两个女儿也在跟她学习银器制作。

回忆起自己的银饰制作历程，李换芝感慨颇多。她从 6 岁起就跟着父亲学习银器制作手艺，起初只能学着做一些简单的银器，到 13 岁时开始接触一些比较复杂的制作工序，直到 20 岁时才正式出师。"银器加工相当复杂，从化银、锻打、下料、初加工、做铅托、精加工、焊接到最后的酸洗，要求都非常高，因经常接触高温，两只手经常被烫伤，但是自己从未想过放弃。"李换芝说，这是祖辈们经过努力，一代一代传下来的技艺，自己必须学会、学好，并将它传承下去。目前，李换芝的两个女儿放假在家，除完成作业外，李换芝都会教她们一些简单的银器制作方法。

"以前祖辈制作的银饰主要以阿昌族和汉族喜欢的式样居多，现在随着各民族交往交流的频繁，以及州内外游客的增多，自己不断改良制作技艺，推陈出新。"李换芝告诉记者，现在公司经常会接到一些来自傣族、傈僳族、德昂族等各族群众和外地游客的订单。自 2016 年公司成立以来，每年都有 150 余万元的收入。

作为一名预备党员，李换芝学史力行，深知一人富不算富。在她的指导和

带动下，附近村民主动参与到公司的银器加工中来，因制作精细、式样美观，公司制作的产品远销外县市，有效带动了全村 70 户人家 400 余人脱贫增收。

"一人富不算富，一村富不算富，全乡致富才是富！"户撒乡党委副书记熊代介绍，以前只是一个村在做，正因为有一个又一个如李换芝这样的致富带头人的引领，现在周边的村寨也加入银器加工产业中来。加之乡党委、乡政府精准施策，依托区位优势，做大做强优势产业，进一步拓宽各族群众增收致富渠道，现在银器加工产业已成为群众收入的稳定保障。

目前，户撒全乡阿昌族银佩饰加工从业人员约有 600 人，银饰加工业集中在明社村李芒呆村小组。来到了明社村李芒呆村小组，迎面看到是平整的青石板路，一路前行，道路两旁鲜花盛开，墙面上彩绘不断，家族传承制银招牌高高挂，都在述说着那一段不能忘却的银器历史。村子里最耀眼的一座楼房——华兴手工银楼，就是致富能手村小组长、党支部书记李维睿家。

"我们这个村，祖辈相传，代代传下的银器制作手艺，到了我这一辈，整整传承了 11 代，现在传到了儿子辈了，我们全家都参与到这个行业，一年下来毛利在百万，纯收入也有个 20 来万。"讲到银器制作手艺的发展历史，李维睿侃侃而谈。

李芒呆村民小组有 152 户 540 人，经济收入为银器制作，产业种植烤烟、猕猴桃、小麦、油菜。2020 年人均纯收入 11500 元。户撒银器属于户撒乡最悠久、最具有代表性的民族文化产业之一，全村 117 户共同参与，打造银器制品产业

精美的阿昌银饰（摄影：桂金再）

生产链，银器制作吸收了各少数民族的文化精髓，逐步形成了独具地方特色的户撒银器制作工艺。头饰、胸饰、手饰、脚饰、日常用品五大类上百种不同型号品种，已成为德宏境内汉族、傣族、景颇族、傈僳族、德昂族等民族的穿戴饰品及生活高档用品。

产业发展好，全靠"火车头来带"，党支部引领产业发展。李芒呆党支部设 1 个党支部，共有党员 17 名，支部以强"主业"展"文化"，敢创新、勇担当、真作为抓手，积极引导群众、带动群众发展传统手工业。充分发挥党员示范作用，从个体发展到集体，紧紧抓住民族文化产业内涵，不断挖掘、推介、宣传银器制作产业，不断提高民族文化产业知名度、美誉度和影响力，打造民族文化产业品牌，铸牢民族文化产业灵魂。

加上近年来，户撒乡党委、政府精准施策，依托区位优势，出台各项政策做大做强优势产业，线上线下产品销售。银器制品深得陇川各民族的喜爱，广受腾冲、龙陵、保山等地消费者的好评，并大量出口到缅甸等东南亚国家，市场的发展，进一步拓宽群众增收致富的渠道，实现了群众收入的稳定保障。目前，全乡从事银器制作人员达 600 余人，年销售额达到 800 余万元。

现在的李芒呆村紧跟时代发展需求，始终抓紧抓实党建促民族文化传承、发展工作，建起了银器传习体验馆，开展了银器制作技能培训，进一步提升年轻人的手工技艺，发扬光大民族文化传统手艺，把这银器制作的艺术之花开遍世界。

🔥 香醇户撒烟，致富好帮手

户撒乡的气候适宜种植烟叶，且种植要求、方法格外讲究。户撒烟的种植、加工非常注重细节，首先，烟地必须是向阳、干燥、通风的荒坡或轮歇地，这样烟叶长势好，虫害少；其次，要专门用火灰和家畜粪便作肥料，从而使烟叶色泽金黄，香醇润口；最后，烟丝的加工必须挑选一个阳光灿烂的日子，把绵长柔软的烟丝晾晒在竹竿上，明艳的烟丝里便有了满满的阳光味道，户撒烟也因此被叫作"竹竿烟"。

户撒烟虽然产自西南边隅之地，却以色泽明艳、醇香回甘的特点赢得了广大消费者的赞誉。精心加工之后的户撒烟，更是素以烟叶厚实，烟味醇香，烟丝细腻、柔软，色泽鲜艳，加工别致而闻名，有"户撒草烟赛重九"之说。

由于得天独厚的自然环境，加上为了早日实现脱贫，户撒乡更是深挖地区

特色，高度重视烤烟产业，把烤烟产业作为全乡脱贫致富的支柱产业来抓，使烤烟产业真正成为群众有收入、财政有增收的"双有"产业，成为户撒乡脱贫致富的"压舱石"和经济发展、社会和谐的"稳压器"。2019年产季，户撒乡落实种植烤烟2.34万亩，涉及11个村委会136个村民小组2418户农户，其中，阿昌族群众种植烤烟1417户13573亩，占总面积的58%，建档立卡贫困户种植烤烟361户1430人3086.5亩，占建档立卡户总数的45.06%，实现了"种植一亩烤烟脱贫一人"的目标。2019年，实际指令性收购烟叶6.29万担，完成率为100%，实现总产值8490.67万元，创税1867.94万元；亩产量较上年增长2.1%，平均亩产值3628.49元，较上年增长1.51%；户均收入3.51万元，较上年增长6.04%；上等烟比例达70.36%，较上年增长2.15%，较好地完成了年初各项目标任务，继续稳居全州种植烤烟最大乡镇。

近年来，户撒乡紧紧抓住云南省烟草专卖局（公司）整乡推进整族帮扶的有利契机，大力实施了一批基础设施建设，仅仅3年时间建设完成项目1068件，其中，烟水工程98件，机耕路13件，烟叶调制设施951件，烟草农机6件，解决农田灌溉面积4.62万亩，相继建成烤房1304座，开创了户撒基础设施建设的历史之最。面对村集体经济薄弱、发展活力不足、村级组织无钱办事的现状，乡党委立足资源优势，把烤房作为发展壮大村级集体经济的资源，盘活全乡1304座烤房资源折价5216万元，作为村级集体经济发展资本金全部下放到村。整合下放资源，让基层党组织服务群众有资源、凝聚群众有抓手、发挥作用有平台，激发了基层党组织活力。

户撒过手米线，一尝忘不掉

提起云南米线，很多人都知道云南的过桥米线。实际上，云南米线类美食数不胜数，各地州都有极具特色的米线美食，建水有草芽米线、云县有土鸡米线、腾冲有烧肉米线。而阿昌族集聚地户撒乡的过手米线，同样深受老饕的青睐，是边境地区一道富有特色的美味。过手米线是起源于陇川户撒的阿昌族传统美食，据说迄今已有数百年的历史。据说在明洪武年间，沐英和蓝玉领兵西攻大理。攻下大理后，沐英、蓝玉分兵两路，其中沐英的部队继续西进，往现今的保山、德宏方向推进。征途中，当饥饿的沐英和将士拿出之前准备的干粮（饭团）补给时，发现干粮已经变硬，无法食用。此时恰逢附近的阿昌族人家正在制作米线，这一举动给了沐英和将士们灵感，随后沐英命令将士砍来竹筒，在底部打孔制成简易的"米线榨"，然后将干粮煮熟后压成米线，放在行军锅中，加入士兵随身携带的其他食物，搅拌后食用。因为缺少碗筷，加之饥饿难耐，将士们便用树枝当筷子，手当碗，围在行军锅前吃得不亦乐乎。这便成了最早的过手米线。

从自然环境来说，户撒地区水土肥沃，盛产水稻，尤其是一种"红根细"

过手米线（摄影：桂金再）

过手米线（摄影：张有林）

旧时壮观热闹的阿露窝罗节（摄影：张彤）

的稻米，由该种稻米制作出来的红米线软糯不粘手，更适合直接食用，而正宗过手米线选用的正是户撒特产红米线。将干红米线煮熟后，多次过凉水，随后放入笊篱中滤水备用。户撒过手米线的帽子（浇头）是将猪肉在火上烘烤至七八分熟，然后将肉剁碎，再将碎肉加入蒜、辣椒、芫荽、豆粉、姜等佐料搅拌均匀。吃时把米线放在手掌心，再放肉浇头，拌和后一起吃，故名"过手米线"。

过手米线的灵魂是"酸水"，不同的季节有不同的酸水。要说最有特色的还得是春夏之交的杨梅酸水。每年五六月，野生杨梅便成了酸水原料的主力军，这时候的杨梅汁多，提取杨梅酸水直接用手挤出就可以，杨梅水除口感新鲜外，在吃的过程中还能感受到杨梅的清香味。此外，过手米线加上蚂蚁蛋或蜂蛹也非常好吃。

"吃过手米线必须用手抓着吃才能味美，吃过手米线讲究的是原汁原味，寻求的是自然本真，吃起来唇齿生香。"当地人谈起过手米线来，头头是道，自豪之情溢于言表。

到了每年的阿露窝罗节，户撒街上人头攒动、人声鼎沸，数十上百个过手

米线摊沿街摆设，烧烤过的肉，香味扑鼻；酸水搅动刺激游客味蕾，剁肉切菜的菜刀上下翻飞，场景蔚为壮观。如今的户撒过手米线在乡村旅游中融合发展，打出了名声，很多当地群众将过手米线店开到了附近乡镇，成为群众增收就业的一个重要渠道。

户撒"三宝一绝"，向我们展示了产业扶贫欣欣向荣的发展景象，下一步，要进一步依托巩固脱贫攻坚与乡村振兴有效衔接的相关政策举措，着力推动脱贫地区特色产业由快速覆盖向长期培育转变，向全产业链条拓展转变，推进特色产业不断发展壮大、提档升级，提高质量效益和竞争力，为贫困地区的可持续发展培育好源头活水。

阿露窝罗节（摄影：张彤）

 ## 文旅融合的关璋新村

产业是贫困地区发展和群众稳定脱贫的重要支撑。2016 年 7 月，习近平总书记在宁夏考察时指出："发展产业是实现脱贫的根本之策。要因地制宜，把培育产业作为推动脱贫攻坚的根本出路。"习近平总书记每次扶贫考察，都强调坚持开发式扶贫方针，坚持把发展作为解决贫困的根本途径，改善发展条件，增强发展能力，实现由"输血式"扶贫向"造血式"帮扶转变，让发展成为消除贫困最有效的办法、创造幸福生活最稳定的途径。

阿昌族具有古老悠久的历史文化，其创世神话史诗《遮帕麻和遮咪麻》、户撒刀锻制技艺于 2006 年被国务院批准列入第一批国家级非物质文化遗产代表性项目名录。阿昌群众在脱贫致富的路子上，结合自身优势和发展潜质，传承发扬本民族优秀传统文化，探索出文旅融合的新路径。关璋新村便是其中的佼佼者。

阿昌族青龙白象图腾（摄影：张彤）

昔日关璋村（摄影：张彤）

　　站在关璋新村的观景台上，远眺腾瑞高速上飞驰的汽车，近看满目苍翠的茶山，凉爽的山风轻轻吹动，茶叶的清香迎面扑来。移步走进关璋新村，整个村子洋溢着民族团结进步的幸福气息，不仅一副副颂党恩的对联格外醒目，在雪白的墙上，还印着阿昌族元素的"青龙白象"以及"葫芦图案"，就连旁边的路灯设计也充满阿昌族创世史诗的影子。面对眼前的一切，你能想象这是昔日道路泥泞、房屋破败、畜禽乱跑的关璋吗？

　　关璋村，这个藏在德宏州梁河县曩宋阿昌族乡山坳里的小村寨，90%以上的村民是我国人口较少民族之一的阿昌族。正是这样一个小山村，用6年的努力，发生了翻天覆地的变化，人们谱写着幸福生活的崭新篇章。

　　关璋村是滇西中缅边境地区一个阿昌族聚居的山寨。坐落在南方丝绸之路的腾八古道（腾冲到八莫）梁河县北部半山上。关璋的阿昌族母语读音是"喇轴喇舍瓦"，意为东方有红土的寨子。全村433户1669人，阿昌族人口占90%。关璋老寨子居住环境恶劣，交通极为不便，村里荒凉，房子破旧，产业薄弱。以前，关璋穷得叮当响不说，还严重缺水，人们吃水用水都要到大老远的山凹子去挑。

　　昔日的关璋村，几乎家家户户都面临着居住条件脏乱差、收入水平低下的状况。许多人家以种植庄稼维持温饱，多数村民还是选择外出打工以维持生计。

整个村子还存在着道路泥泞、用水困难、交通不便等基本生活问题。村党总支书记曹先刚谈起关璋村的变化时说："以前村里走的是泥巴路，住的是土坯房。"

"泥巴路、土墼房，寒冬腊月吃粗粮。"是当时关璋老寨子的阿昌同胞的鲜明写照。关璋古村，道路崎岖行路难，交通运输在很长一段时间内全依仗马帮、牛帮。中华人民共和国成立前，村民赶马帮走脚去缅甸讨生活，古道迢迢，旱季灰尘迷眼，雨季泥滑路烂，马帮走一趟很是不易。1978年，关璋父老乡亲挥汗如雨，终于建设出一条同山下大路相通的第一条公路——关璋乡村公路，但这条路只是实现了"从无到有"的突破，路况依然称不上好。这几年来，这条连通关璋山寨与外界的山区公路，借着脱贫攻坚的东风，几次华丽转身，从坑坑洼洼的泥巴路变成了弹石路，又变成了水泥路。

曾经的关璋村，又被戏称为"干璋村"，这是由于关璋本地极度缺水。每年11月到来年5月，当村里的蓄水池储备耗尽，村民们就只能去地势低的水井挑水。挑水的过程也可谓是历尽千辛万苦，天不亮就得去远处的井里挑水，如果去得晚些，水就没有了。打一趟水来回五六千米，家里要是养牲口，一天一趟还不够。因为缺水，又没灌溉条件，村里都是"雷响田"，雨季来了才能犁地、撒种，村民们都得看天吃饭。若是在播种后，刚好碰上久旱不雨，村民们就得受苦了。用当地群众的话说："生活用水能省则省，生产用水就靠老天爷吃饭。"村民李从香介绍，曩宋乡其他行政村水稻4月份就基本种完，关璋村则要等到五六月雨季来临才可以种。

即使在中华人民共和国成立后的很长一段时间里，只要旱季来临，放眼关璋村，寨前寨后，田里地里，干得直冒烟。山前山后，竹子开着花，松毛落光了叶，庄稼黄蔫蔫的。整个寨子像挂在晾竿上的麂子干巴，拧不出一滴水。村民们为了讨生活，只能去外乡帮人种田，或赶马帮走缅甸新街瓦城，在水荒、粮荒和病荒中挣扎，所以关璋成了"干璋"。

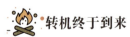 **转机终于到来**

2019年初，由云南省烟草专卖局（公司）投资3500多万元，占地100多亩，总建筑面积20000多平方米的关璋新村拔地而起，新村被取名为"卑妥瓦"，这是阿昌族语"卑脱哇"的同音字，翻译成汉语的意思是"太阳出来就照着的寨子"。取双关语"卑妥瓦村"，就是"党的光辉照耀的地方"。梁河县曩宋阿昌族乡关璋村委会主任梁桃荣解释："地名表达了阿昌群众对党和政府的感激，

永远不忘党之恩，不忘扶贫之情。"俯瞰新村，一条条平整的道路纵横交错，一幢幢青瓦白墙的特色民居扮靓山野。在这座总建筑面积 2.37 万平方米，青砖青瓦，装饰有青龙、白象、金腰带等图案的阿昌新村，被茶园、烤烟地、森林等青山绿水环绕，勾勒出一幅秀美的水墨画卷。

关璋新村是烟草帮扶项目的示范村之一，由受地质滑坡威胁的 59 户易地搬迁户、随迁户从老村搬迁而来，烟草部门投入专项资金 3500 万元，每户补助 10 万元，并整合了易地搬迁资金进行建设。2023 年 2 月 7 日，59 户 211 人集中入住了新居。

"以前做梦都不敢想会有那么漂亮的房子，没有党的关心和省烟草公司的帮扶怎么可能实现！"阿昌族村民赵兴燕一边拉着记者参观自家的新房，一边感慨地介绍说，"关璋老寨子居住环境恶劣，交通极为不便，现在搬到了新的居住点，不仅交通、就医、就学都方便了，村里还有了活动室、文化广场等，简直是过上了城里人的生活。"

据悉，自 2015 年关璋村就全面实施"幸福阿昌"工程，实施了产业发展、生产条件改善、民居建设、综合提升四大帮扶工程，为关璋村铺就了一条幸福路。

多彩关璋的民族服饰展演（供图：中共德宏州委宣传部）

传承（供图：中共德宏州委宣传部）

　　阿昌山寨山区公路四通八达，已经被挖掘机推得平坦坦、宽展展的。另外一条柏油路又通到关璋新村，为今后乡村旅游发展提供了交通便利。阿昌山寨道路硬化，基础设施正在改善，一辆辆汽车、拖拉机拉着山下集市的化肥、农具、钢筋、水泥等农用物资和布匹、酱、醋、盐巴等生活资料上山，又拉着家乡的生姜、甘蔗、甜蜜以及生于山寨的名茶药材等走出山寨，走向城市，走进千家万户。

　　横贯关璋寨子的是用各式各样的石头砌成的一条石板路。经过岁月的洗礼，牛群走、马帮过，把寨中的这条石板路磨得光滑锃亮。经过实施国家精准扶贫、"三通一平"、村容村貌建设、"整村推进"、社会主义新农村建设工程和脱贫攻坚、整乡推进整族帮扶项目后，阿昌山寨发生了翻天覆地的变化。村村寨寨都进行了进村道路、村内道路、入户道路硬化，家家户户都有石板铺到家门口，告别了过去出门要卷裤脚穿水桶鞋的历史。如今汽车、拖拉机可以开进寨子里，摩托车直接开进家。

　　至于曾经"干璋"的用水难问题，云南省烟草专卖局（公司）驻梁河县帮扶工作队了解到这一情况后，队员们徒步10千米山路为村民们找水源点，并向省公司反映，临时抽调360多万元资金建立关璋村饮水工程。工程建成后，可每

天提供 180 立方米的水量保障村民生活用水。同时，作为解决生产用水的烟水工程——白泥大沟已于 2015 年 11 月开工建设，2016 年 1 月完工通水。现在的白泥大沟可提供 2000 多亩田地的灌溉用水。看到困扰几十年的用水难题得以解决，村民由衷地感动："帮扶真是帮到我们的心坎上了。"

新关璋建好之后，村民们怎样才能实实在在地获得更多的收入，这还是一个棘手的问题。结合关璋新村的建设，打造特色产业，带动当地阿昌族群众脱贫致富，成为当地解决问题的思路。

阿昌族是一个传承着绚丽、神秘、多彩民俗文化的少数民族。为了更好地传承和发扬阿昌族文化，在新村打造中，就投资 3500 万元配套建成了 59 户特色民居和文化展示中心、生产生活中心、文化景观中心、体育活动中心及公共服务中心，建成了阿昌博物馆、《遮帕麻和遮咪麻》传习馆、窝罗广场、阿昌戏台和阿昌织锦馆。

同时，注重民族文艺人才和文艺团体的培养，先后带头组建了阿昌族民族歌舞表演队、阿昌族舞狮队、阿昌山歌队，深入挖掘阿昌族民族文化内涵，展示阿昌族群众的幸福生活。一方面，可以系统地展示阿昌族同胞的生产生活用具、阿昌族历史、民族风俗和服饰文化等传统文化；另一方面，又可作为阿昌文化传承、发扬的基地和平台。

户早村研习馆内阿昌族服饰（摄影：李秋明）

文化是一个民族的魂魄，文化认同是民族团结的根脉。历史上的阿昌族没有文字，阿昌族的迁徙历史和文化精髓大多通过活袍以唱诵形式代代相传。活袍不但熟悉本民族的历史文化和风俗习惯，还精通古阿昌语，掌握着大量阿昌族的历史、民间故事和民歌。关璋新村特别注重非物质文化遗产及其传承人的保护、继承、发展，阿昌族的创世史诗《遮帕麻和遮咪麻》于2006年5月经国务院批准列入了第一批国家级非物质文化遗产名录，阿昌织锦于2021年4月被列入省级非物质文化遗产名录，关璋村活袍传承人梁其美被认定为省级非物质文化遗产代表性传承人。

作为一个集生态、民族文化、旅游、产业发展于一体的美丽乡村示范村，依托新落成的59户特色民居，关璋新村成了展示阿昌族文化的一个旅游亮点。2023年4月19日，关璋新村还迎来了第一支旅行团，游客现场体验了阿昌族织锦、舂粑粑、回龙磨锅茶制作，品尝了回龙香茗、阿昌小锅酒、阿昌美食，与阿昌族群众一起蹬起窝罗，体验最炫民族风情，游客好评如潮。

关璋新村的巨变和阿昌文化的兴热，还起到了"筑巢引凤"的作用。2018年7月，昆明暮然旅游开发有限公司通过考察与梁河县达成协议，确定公司作为关璋村乡村旅游文化项目开发的合作伙伴，使得云南少数民族康养古镇——"中国阿昌第一寨"项目正式签约启动，投入建设，无疑让古老的阿昌山寨插上了旅游腾飞的翅膀。

项目建成后，"中国阿昌第一寨"将成为中国阿昌美丽宜居休闲旅游村，届时游客可以体验阿昌族的独特民俗活动，唱阿昌山歌、跳阿露窝罗、吃阿昌美食，可以乘坐牛车马车等游览阿昌山寨，体验阿昌生态农业园风情，还可以住在阿昌风情小院里，体验阿昌族传统的农耕生产生活。

同时，在每年的不同时节，还会在关璋新村举行不同的文化活动，丰富游客体验，促进阿昌族文化传承，展示阿昌族独特的文化风貌。

发展好绿色生态产业，传承好阿昌文化，打造好特色村寨，助推乡村旅游发展。未来的关璋新村将建设成集阿昌特色产业、非遗展演、吃购住游于一体的阿昌体验式旅游新景点。

织锦文化是阿昌族民俗文化的一个重要组成部分，其织锦工艺品以款式奇特，图案别致，色彩斑斓，质地厚实著称。发展特色织锦产业成为一条脱贫致富的新路子。

第一次见到阿昌族姑娘尹春焕就是在关璋的娥昌民族服装厂内，她穿着自

己改良的阿昌服饰，正在检查新一批生产的织锦的布匹图案。她身上的短裙是传统阿昌的"筒子画"图案，结合现代裁剪工艺，穿着舒适凉爽，还方便活动，深受当代年轻阿昌女孩子的喜爱。"织锦需要高超的纺织技艺，工序繁多、复杂，费时耗力，往往一匹锦要织十天半月。"她感慨地说。现在尹春焕已经成了关璋村传承和弘扬阿昌文化的"召集人"，在自己熟悉的织锦领域带动全村阔步向前。

娥昌民族服装厂现在共有 46 名阿昌族妇女，都是由尹春焕召集到此处，专门负责织锦和制作相关阿昌特色手工艺品。织锦的生产材料由尹春焕提供，而具体报酬则是根据织锦尺寸大小和花纹工艺复杂程度来结算。尹春焕说，在服装厂工作的妇女不必每天都来服装厂，在家里也同样能够织布赚钱，每个月能有 1000 元左右的收入。

赵艳聪就是这 46 名妇女之一，她早年和丈夫在广州打工，只能把孩子留在老家。赵艳聪仔细地盯着织机，一边左右开弓，一边和我们说："我离开家的时候，心情就像刀割一样难受，舍不得儿子啊，但是为了生活还是不得不出去。"说到这儿，她的声音哽咽了一下，手头的活也慢了些许。自从在服装厂工作后，赵艳聪不必每天都到厂里上班，不但家里的农活可以照顾到，闲暇时还能去茶厂打工，晚上休息了就在家织锦。赵艳聪的生活因此有了新变化。

尹春焕作为关璋村传承和弘扬阿昌文化的"召集人"，不仅组织起阿昌族妇女进行织锦，她还召集关璋当地村民，通过民歌、舞蹈等培训方式，将民族服饰、民族文化相结合，利用"非遗+旅游"模式，将阿昌文化展示给更多的人。关璋在吸引不少游客"走进来"感受阿昌文化的同时，也作为一个窗口将阿昌文化积极地"走出去"展示给更多的人。可以说，织锦织出了一片幸福天，织出了关璋的大未来。

此外，政府以服装厂为中心，在新村打造中总共投资 3500 万元，

织锦的阿昌妇女　（摄影：张彤）

配套建成了文化展示中心、生产生活中心和文化景观中心等场所，建成了织锦传承馆、遮帕麻遮咪麻展馆和阿昌族博物馆。由点及面，自下而上，从织锦到风俗又涵盖到整个民族历史，为阿昌文化传承、发扬，系统地提供了基地和平台。

"这批现代化的织锦设备价值 100 余万元，圆了我的'织锦梦'，目前有6名阿昌族妇女在织锦馆工作。未来我会带领阿昌族姐妹用巧手织造出更精美的作品，借助旅游平台的火热，推广到更多更远的地方去。"尹春焕说。今年，在县委、县政府及相关工作人员的指导和关心下，积极向上申报项目，省烟草专卖局（公司）出资 60 余万元，尹春焕出资 32 万元，阿昌族织锦馆的设备得以配齐。

"真没想到我这么大年纪，还能在村里找到适合的工作。"65 岁的村民李祖囡感慨道，和她一样，56 名妇女在卑妥瓦工作，就地就业，增收致富。

现在，她们巧手织造出的精美的筒裙、包头、衣服、筒帕等织锦工艺品，越来越受到人们的喜爱，成了竞相购买的工艺珍品。"看到越来越多的人走进阿昌村寨、了解阿昌文化，阿昌同胞越来越开放和富有，就会洋溢起满满的民族自信心和自豪感。"尹春焕说。

脱贫模范杨书昌以"只要有信心，黄土变成金"的干劲，大力发展野山药产业。现年 56 岁的杨书昌已经成为村里有名的山药种植大户，他们家从老一辈就开始种植山药，有着丰富的种植经验，但是受困于资金不足等现实原因，山药产业一直没能做大做强。转机出现在 2016 年，在烟草公司和当地政府的帮扶下，他争取到三年无息贷款 6 万元用于拓展山药种植产业，在 2018 年采收时收入突破 20 万元。通过基地种植示范、免费技术指导、提供种子、帮找销路，杨书昌带动全村 30 余户群众种植野山药 100 余亩，拓宽了增收渠道，提高了经济收入。2019 年，他又带领 18 户村民种植山药 300 多亩，并成立了红定子野山药种植合作社，实行"党支部+合作社+农户"标准化种植管理。"现在已被订购的就达 50 余吨，等到开挖售卖时，每户又可增收 3 万～5 万元。"杨书昌激动地说。在党的关怀和挂钩单位的大力帮扶下，如今，阿昌族群众的日子越过越红火，正一步一个脚印实现脱贫致富奔小康并向第二个百年奋斗目标迈进。

产业增收中，烤烟唱了"主角"。大力实施非烟产业帮扶，同时结合各户情况将富余劳动力进行劳动力转移就业培训，提高劳动者素质，有条件的积极外出务工增加收入。全村农村常住居民人均可支配收入从 2015 年的 5314 元增加到 2020 年的 9080 元。

2015 年，作为省烟草公司帮扶项目的示范村之一，关璋新村由受地质滑坡

92

威胁的 59 户易地搬迁户、随迁户从老村搬迁而来，公司投入专项资金 3500 万元，每户补助 10 万元，并整合了易地搬迁资金建设。关璋村迎来"阿昌族整乡推进整族帮扶"这个百年未有的发展机遇，在党的好政策关心下，通过对口帮扶，实施经济发展、基础设施建设、民居保障、综合推进四大工程，全村实现华丽转变。通过致富带头人引导一批、就地创业就业解决一批、招商引资带动一批，群众收入得到明显增加。

扶持建档立卡贫困户因地制宜发展种植养殖（阿昌族帮扶项目及专项扶贫资金项目）等特色产业，2015 年以来全村累计投入产业扶持资金 692 万元（阿昌族整族帮扶项目），用于发展种养殖产业，其中，猪 1692 头、牛 85 头、鸡8000 只，白花油茶提质增效 1200 亩，滇皂荚种植 800 亩；省烟草公司投入帮扶资金 788 万元建设标准化村级完小 1 个。① 全村水、电、路、网络、活动场所等基础设施建设得到了大力发展，全村基础设施日益完善，生产生活条件明显提升，与以前相比发生了翻天覆地的变化。关璋村党总支采取"村党总支 +N"的党建模式，探索"党总支 + 公司 + 农户"的发展模式，紧紧抓住"烟草同行"的帮扶机遇，以建设"幸福阿昌"为目标，让公司带着贫困群众一同发展致富，通过采取"三个一"措施，以卑妥瓦村为支点，梁河县娥昌服饰有限公司为运营方，带动群众发展乡村旅游。乡村旅游的发展，带动了人员消费、带动经济发展，从而实现农民持续增收、脱贫致富的目标。阿昌青年尹春焕成立的娥昌民族服饰有限公司，开展民族服饰文化和乡村民俗旅游，以解决群众就近就业问题，带动 160 户 365 名群众增收致富，其中，建档立卡贫困户 96 户 220 人，助力巩固脱贫成效。

为了让脱贫基础更加稳固、成效更可持续，实施建设养殖小区项目 6 个，关璋村实施整族帮扶资金 2631 万元，并引进企业发展茶旅产业，逐步走出一条更加多元的发展之路。同时，村党总支积极探索"村党总支 + 公司 + 村固定资产租赁 + 合作社盈利分成"模式，将村固定资产变为可创收的资产，创造村集体经济新增长点，仅通过出租 4 个养殖小区每年可增加 5 万元村集体收入。

对于乡亲们辛苦产出农产品的销售，关璋村也紧跟时代步伐，与网络互联，

---

① 梁河县民族团结创建办：《阿昌人民心向党 党的恩情记心上——囊宋阿昌族乡关璋村民族团结进步创建典型材料》，云南网，2022 年 9 月 27 日。

打开销路。"通过电商平台，关璋村的白花油茶、滇皂荚、野山药等特色产品，还走出大山卖到了省外市场，供不应求。"关璋村电商负责人梁昌吉介绍。

思想是行动的先导。关璋村在发展的同时，注重群众感恩教育，开展"我用山歌感党恩""忆苦思甜说党好"等活动，感受民族大家庭的温暖。过去，关璋阿昌族群众小农观念严重，安于现状、"等靠要"突出，"没钱没米找政府、有点余钱买酒喝"的情况比较普遍。在村社干部引导下，全村党员群众切实立起合格标尺、树立模范典型，做到"三上三让三带头"，即担当尽责我先上、入户解困我先上、调解矛盾我先上。针对政策知晓率低、矛盾纠纷大的问题，全村还成立产业发展志愿服务队、政策宣传志愿服务队、矛盾纠纷志愿服务队、应急处理志愿服务队，分工协作，专职负责，合力攻坚；"三让"即在基础建设中让土地、在政策帮扶中让名额、在新村建设中让指标；"三带头"即是党员带头整治环境卫生、带头发展产业、带头传承民族文化。在环境卫生整治上以"党员干给群众看、党员带着群众干、党员给群众做示范"的思路，采取制定一个行动方案、召开一次群众会、进行一次集中整治、建立一个长效机制、开展一次卫生评比的"五个一"的有效措施，共建美丽家园。关璋村党总支于 2019 年被评定为州级规范化示范党支部，全村于 2020 年被评为全国文明村。

同时，全村注重家风、家训的教育引导，进一步弘扬热爱劳动、诚实守信、与人为善、和睦邻里等传统美德，引导阿昌群众移风易俗、团结和谐、共同进步。如今的关璋村，吵闹声少了、欢笑声多了，酗酒的人少了、忙碌的人多了，家家户户清秀干净，全村呈现出"心向党、村寨美、民风和、村民乐"的美好景象。

物质生活水平提高了，阿昌人民追求高水平精神生活的愿望就更加强烈了。关璋村民族团结源远流长，所在的曩宋阿昌族乡 1990 年 10 月被国家民委评为"全国民族团结进步先进集体"。"党的光辉照边疆，阿昌人民心向党……"每当夜幕降临，关璋村百姓大舞台前，村民常聚在一起唱阿昌山歌，用歌声述说丰年、谈家长里短、憧憬美好生活，其乐融融，一片和谐。"阿昌山歌乐开怀，欢乐窝罗跳起来，民族团结一条心，感恩思进齐奋进。"阿昌人民拥护核心、心向北京，与各族群众一起紧跟时代步伐，共同团结奋斗，共同繁荣发展。

三片叶子成就了小康梦

　　江东乡位于芒市西北部，也是阿昌族的聚居地之一。距离市政府所在地38千米，辖区总面积220.8平方千米，辖8个村委会，52个自然村，108个村民小组。2019年年底，总户数7758户，总人口33880人，经济总收入74528万元，农民人均纯收入12225元，属经济欠发达山区。山高、坡陡、谷深的自然地貌特征，使得全乡找不到一块适合建村立寨的自然平地。自祖先明末清初迁居到江东数百年来，江东人以大山为伍，以巨谷为伴，练就了钢铁般的意志，铸就了勤劳智慧的品质，一草一木养育了一代又一代江东人。然而随着时代变迁，人口与日俱增，大山的森林植被遭到破坏，水源干枯，地质灾害频发，如果不让江东大地休养生息，生态环境将会持续恶化。于是，江东人选择了搬迁。

　　幸福村位于芒那公路旁，与同步搬迁的和谐村为邻，是一个有402户1600多人的搬迁大村。村里群团组织一应俱全，卫生室、文化活动室、蔬菜水果市场、超市等公共服务设施齐全，幼儿园、农产品烘干厂等在建。搬迁户的住房统一规划，农户家干净整洁，成排成行。村内硬化道路四通八达，水电到户，地下排水系统畅通。每当问起村里的建档立卡贫困户妇女，离开几百年的祖业地迁到这里不后悔吗？她们异口同声地回答不后悔，还掰起手指数了起来：过去住破破烂烂的土坯房，现在住进了干净整洁的"小洋房"；过去在山上用大锅土灶，烟熏火燎，一日三餐忙到天黑不见钱，现在用上清洁能源的小锅小灶，油烟少操作方便，做完家务还能做些小加工抓收入；过去进城打工要租房住，现在早出晚归赚钱还能回到家；我们不仅看到了家的变化、芒市的变化，还能到处旅游，看到国家的变化。易地搬迁就是好，如果没有共产党的领导，没有国家政策和资金扶持，我们还会像老祖宗一样在大山深处熬苦日子。

　　其实，江东人逃离大山并不是第一次，改革开放以来，就有不少人走出了江东，他们不是投亲靠友，而是进城打拼，还在芒市城区建起了江东小区，充分展示了江东人不怕吃苦、排除万难的骨气。有了前人走过的路，乡党委、乡政府和搬迁户更有底气了。乡党委、乡政府专门为这1875个搬迁户设计了5条出路：整合"贷免扶补"创业贷款，支持有一技之长的年轻劳动力自主创业带动一批；依托芒市工业园区和江东商会提供就业平台，加大劳动力输出；帮助联系并积极

动员搬迁群众就近流转土地，因地制宜发展产业增加收入；烟草种植业；引进外商投资发展石斛产业。

幸福村402户、龙裕村521户、大水井村487户，走进这3个安置点，看不见一个青壮年劳动力赋闲在家，带孩子或看护生病老人的妇女在家里也都要兼顾进行刺绣或石斛枫斗加工。在整村搬迁的大水井村，村党支部书记郭兆幸说："我们大水井多少年来只有大水井没有水，这次搬迁全村就像如鱼得水，终于过上了好日子。"

 **烟叶飘香**

这是芒市江东乡发展烤烟生产的一组数据：

2013年，江东乡种植烤烟5500亩，产值1600万元。

2014年，江东乡种植烤烟5123亩，产值1800万元。

2015年，江东乡种植烤烟4540亩，烤烟收购均价为27.34元/千克，亩产值4864.91元，农业产值2200万元，种烟户均收入3.97万元。2015年，全州种植烤烟12.07万亩，收购均价25.24元/千克，亩均产值3606.55元。

党的十八大以来，习近平总书记坚持实事求是思想路线，提出"实施精准扶贫、精准脱贫"方略。多年来饱受资源有限、地少人多、山路崎岖等困扰的江东乡芒龙村人民，探索出一条适合自己的致富之路——烤烟产业。烤烟种植具有成本低、产值高、效益好、易接受等特点，群众在烤烟种植后又能种植粮食作物，这使得越来越多群众加入种植烤烟的行列中。"一村一品"的发展模式，推动芒龙村经济社会发生质变，使芒龙村脱贫攻坚成效显著，后续帮扶措施到位，群众收入逐年稳步增长。

烤烟收入占芒龙村年经济总收入的14%左右，是仅次于工资性收入和养殖收入的第三大支柱产业。截至2020年初，芒龙村有烤烟种植户238户，种植面积2490亩，其中建档立卡户26户，面积211亩。辖区内建有烤烟房11处，烤烟房111座。2020年，烤烟产值预估达到1600万元，较去年同期增长3个百分点，纯收入达到1000万元，平均每亩纯收入超4000元。不少烟草种植户年种植收入超10万元，多数也在6万元左右。烟叶收入见效快，上午交烟，晚上就到账，没有拖欠，更贴合农民意愿。

在芒龙村驻村工作队和村"两委"的引导和支持下，烤烟充分激发了群众

的生产积极性，形成了你追我赶的生产氛围。一部分先种植的人富起来了，其他农民亲自看到可喜的成果后，主动地学习和钻研烤烟种植，很多过去游手好闲或者以打零工为生的村民终于有了自己的一技之长，从而不断提高收入，改善生活。

烟农们的生产生活自主性在烤烟种植的带动下，有了明显改观，他们会主动要求政府以及农业技术部门帮助联系烟种、化肥、农药等物资，以及要求提供相应的技术指导。还会通过各种方式扩大自己的面积，积极参加烤烟种植培训班的学习。经济收入增加，村民得以走出大山接触到广阔天地，视野得到拓展，真正从思想和内心上摆脱贫困的帽子。

种植烤烟，村民生活得到了极大改善，比起曾经面朝黄土背朝天谋生活，现在吃穿不愁还能有余钱改善居住环境和购置交通工具。易地搬迁开展以来，许多芒龙人通过种植烤烟购买地基、建设新房，走出大山，进驻坝区，享受到更好的医疗、教育资源。种植烤烟的农户比起务工，时间支配更为自由，让村民有更多的创收机会，农忙时种植烤烟、水稻、玉米等，农闲时还可以在搬迁点扶贫车间、城镇里打零工，收入来源更加多样化。

芒龙村阔步发展的故事讲完，现在我们将视野扩大到整个江东乡。烟草种植不仅改变了芒龙村，还带动了整个江东乡的发展。众所周知，芒市江东乡属深切割中山区，最高点海拔 2303 米，最低点海拔 826 米，全乡地区性立体气候明显。就全州自然条件分析而言，江东乡种烟条件不是最好的，但是江东乡烤烟生产却取得了亩产值、收购均价居全州第一的好成绩。取得这样丰硕的成果，他们到底有哪些秘密武器呢？

首先，要提高认识才能发展产业，从"要我种烟"变成"我要种烟"。江东乡辖 8 个村民委员会 108 个村民小组，总人口 32861 人，其中农业人口 32432 人。全乡有耕地面积 43054 亩，其中山田 24669 亩、旱地 18358 亩。这里地处山区，产业结构单一，群众经济来源少，整体生活水平不高，近年来，随着烟草产业的发展，江东乡种烟群众收入实现了快速增长。

烤烟产业为江东乡群众架起了一条脱贫致富之路。然而，江东乡的烤烟发展并非一蹴而就，江东乡于 2009 年开始发展烤烟生产，在发展初期，由于群众对烟叶生产认识不足，种植积极性不高，存在被动种植的情况，导致烟叶管理水平低，产值不高，对增加山区群众收入的作用并不明显。"2011 年前，江东乡群众对发展烤烟产业并不感兴趣，为了完成芒市委、市政府下达的烤烟任务，我们用尽了办法，甚至用项目和低保政策倾斜等方式来保证面积落实，群众很抵触，

纠纷不少。2014年后，适宜种烟的村个个来抢种植指标，实现了从'要我种'到'我要种'的转变，这是质的转变。"江东乡党委书记曹明卫说。高埂田村委会原支书曹大爹的话印证了这一说法："那时候，我们去发动群众种烟，许多人不愿意。有的村民对我说'给你面子，随便种一两亩吧'。如今，高埂田的群众尝到了甜头，家家户户忙着种烟，村里的纠纷都少了。"

如何持续做好呢？那就需要科学规划促进产业发展，从"摸石头过河"到"形成经验范本"。

6月初的江东，只见沿途山峦起伏，山间梯田里，青中带黄的烟叶，水波粼粼的秧田，风光秀美。顺着一段曲曲折折的山路走向前，遇到烟农正在忙着采烟、编烟。江东乡因地制宜，合理规划烤房烘烤，按照就近原则，基本解决烤烟人背马驮的现象；积极协调资金，投资130多万元完成尖山至遮告烟区的道路建设、投资150多万元完成李子坪松原坡至牛屎坪回头弯道路建设、投资10万元完成芒龙大摆田烟区道路建设、投资20万元完成高埂田沟坝建设等烟区基础设施建设。乡党委、乡政府把解决烟区基础设施问题作为烟叶生产的重要措施来抓，解决了烟农的后顾之忧。

此外，江东乡科学规划烟区，将有灌溉条件、适宜种植烤烟的水田列为重点生产区域，严格把烟叶生产控制在海拔1500米以下的区域种植。2015年，将仙人洞村100多亩高海拔种烟区域改为种植蚕桑，达到提质增效的目的。

在烤烟产业发展中，如何提高种植管理水平，从而提高烟叶质量，增加群众收入？江东乡给出了答案。

（1）严格审批制度。结合水利条件、道路条件、烤房覆盖区域、种植水平等综合权衡后初步定出各村的种植面积。烟农根据自身条件向村委会提出种烟面积书面申请，经审查后，最终确定烟农种植面积，杜绝出现虚假合同、多签少种、少签多种等现象。

（2）实行保证金制度。烟农按种植面积每亩缴纳600元保证金，对各项技术措施落实到位，完成合同任务的返还保证金并给予奖励，对不按技术要求落实技术措施，完不成合同任务的，按照有关规定扣减保证金。通过实施保证金制度，极大地提高了烟农落实技术措施的积极性，有效提高了烟叶质量。

（3）实行双重考核制度。由乡党委、乡政府和公司根据烟农技术措施落实情况对乡村抓烟干部和公司技术人员进行量化考核，推动工作有效落实。

（4）推行末位淘汰制，由乡村抓烟干部和技术指导员对烟农烟叶种植情况

进行量化考评，对考核处于末位的烟农，在下一年度取消烟叶种植资格。

在仙人洞的一个烤房点，烟农说："以前，我们在水田种一季水稻后，有的种点麦子，大部分田都闲着，收入也马虎。"如今，不少农民依靠烤烟产业脱贫致富：李子坪村大寨三组农户刘正权种植 11 亩烤烟，收入达到 6.7 万元，家里先后添置了冰箱、洗衣机，今年又新买了一辆小卡，生活越过越红火。

江东乡高埂田是一个阿昌族聚居村，全村共有 1369 人，以前，这里产业结构单一，群众经济收入较低，烤烟产业在这里落地生根后，高埂田村群众收入实现了快速增长。2015 年，全村共有 167 户种植烤烟 1053 亩，实现产值 488.7 万元，亩均产值 4641.37 元，户均收入 2.9 万元，人均纯收入跃居全乡最高。高埂田村遮告小组阿昌族村民曹先礼全家 4 口人，以前生病无法就医、孩子上学没有学费。2015 年，他家的烤烟种植面积扩大到 10 亩，年收入 64000 元，从岭岗头搬到平地处盖起了木架房，家人就医、孩子上学都有了保障。

"近两年的烤烟种植工作中没有发生一起矛盾纠纷，全乡上下心齐气顺抓一个产业，很难得！2015 年，全乡农村经济总收入 44796 万元，人均纯收入 7131 元，高于全州水平，与烤烟发展有很大的关系。"江东乡党委书记曹明卫评价道。

德宏州烟办主任李维献说："在当前全国、全省烟叶生产严控规模的情况下，德宏烟叶发展就是要牢牢抓好特色和质量这两个重点不放松，以质量求生存，以特色求发展。"他算了一笔账，2015 年，全州种植烤烟 12.07 万亩，收购均价 25.24 元 / 千克，实现亩均产值 3606 元 / 亩，如果全州烤烟亩均收入水平都能达到芒市江东乡 4864.91 元 / 亩的水平，烟农将增加收入 1.52 亿元，增加烟叶税 3300 余万元。总体来说，德宏州种植烤烟的乡镇条件大都比江东乡好，完全有条件达到江东乡的生产水平。也就是说，在提高烟叶质量，提高烟叶指标"含金量"方面潜力还非常大。

烤烟带来了致富的机遇与希望，带来了实打实的经济收入，只要有志气、有信心，勤奋刻苦，就没有脱不了的贫困。"黄金叶"铸造的脱贫"发动机"正推动着芒龙村群众奔向更美好的生活！

茶叶变成"摇钱树"

初春，阳光充足，雨水充沛，云南省德宏州梁河县九保乡横路村茶园里茶树新芽萌发，阿昌族妇女背着背篓唱起小调在茶园里忙碌着，山路上是来回搬运茶叶的各种车辆，茶厂里各种制茶机器转个不停，茶厂周边弥漫着初制茶叶的清香，又一个年春茶季悄然来临[1]。

在海拔 1600 米云雾环绕的芒展茶山，绿油油的茶园错落有致。曹家兄弟曹明强、曹明毕的茶厂就建在这里，这是九保乡阿昌族自己创办的第一家本土茶叶企业。

过去，横路村的茶叶大都是茶农自家小作坊制作，耗时耗力，制作工艺和收益不稳定，村民们种茶采茶的意愿也不高。

采茶忙（摄影：龚得涛）

① 自黄林会、施一丁：《云南梁河：茶香沁满致富路》，《农民日报》2022 年 4 月 15 日。

阿昌刀舞颂幸福

2007年，曹明强敏锐地发现梁河茶叶的发展前景，怀揣着对发展家乡经济、带领乡亲们脱贫致富奔小康的美好愿望，他找到自己的大哥曹明毕，兄弟二人一合计，说干就干。哥哥曹明毕负责茶厂的选址，弟弟曹明强负责筹备茶厂资金，共同建立了芒展大茶山茶厂。

曹明强说："都是乡里乡亲的，我们'不压级、不压价'，每千克还比市场价格高1~2元，让大家都有赚头。"收购稳定、价格适合，茶农们摘的茶叶都愿意往曹氏兄弟的茶厂里送，慢慢地，曹氏兄弟的茶厂规模越来越大。2021年，曹氏兄弟的芒展大茶山厂共产出茶叶30吨，村民的人均年收入也增加了好几千元。

"茶厂最初是建起来了，但是之前的老茶树产量低、抗病虫害能力弱，茶园的改造势在必行。"曹明毕介绍道。

转机发生在2015年。德宏州烟草专卖局（公司）的烟草驻村工作队去到了九保乡横路村，挨家挨户地了解情况、宣传政策。两兄弟一听，连忙找到驻村工作队和村干部介绍茶厂的发展现状，提出了想对茶园进行改造的想法。

驻村工作队和村干部了解到曹氏兄弟的情况后，积极沟通协调，与相关部门共同制定了周密的改造方案，指导兄弟二人购进适种茶树苗、化肥、黏虫板，并请来农业专家进行专业指导。

农业专家指导曹明毕将自家茶园分出一片做实验改造区，对化肥的用量、排水沟的挖法、病虫害防治方法、茶树苗的间距等作了详细介绍，手把手地教曹明毕按科学的方法种茶。曹明毕笑着说："以前种茶树就是靠老经验、老办法，现在专家来了，才知道这里面学问那么多。"

曹家两兄弟接连干了两天，实验区就种满了新购置的茶树。几个月后，实验区茶园长势良好，两兄弟趁热打铁，把整个茶园都按照专家教授的办法改造了一番。

通过烟草驻村工作队的帮扶，曹氏兄弟的茶叶亩均产值由原来的每亩1000~1500元提高到每亩2000~3000元。除曹氏兄弟的茶园外，横路村的很多原有茶园都得到了高优改造，改造面积达1280亩，新植茶园58.2亩。

文化碰撞，让茶业振兴有灵魂。芒展茶山基地空气清新，每年的春茶采摘期与阿昌族传统节日——阿露窝罗节重合在一起，以往每到这个时候，就是芒展大茶山基地最为繁忙的时候，茶园里有采摘的身影，茶坊里有制茶、泡茶的身影……

近年来，曹氏兄弟巧妙地将阿昌族文化融入茶叶中，打造出"瑞井阿昌茶"

101

品牌，实现阿昌族文化与茶文化的碰撞。只要有游客到访，曹明毕就积极向游客介绍自家生产的茶叶，并且给每个游客配置小背篓，游客可以亲身体验采摘、制作、冲泡茶叶的全过程。

如今，曹氏兄弟的"瑞井阿昌茶"已经远销广东、福建等地。2021年，销售额达40多万元。

炒茶（供图：中共德宏州委宣传部）

谈到未来的发展，曹明强说："不管厂子今后发展得多大，我们都坚持办厂的初心，就是'三要三不要'，要用心、要农肥、要自然；不要贪心、不要化肥、不要农药，把阿昌茶推广到更远的地方，给更多人的认识和喜欢。"

被徐霞客誉为"极边第一城"的云南省腾冲市有24个少数民族，2018年末，全市总人口68.62万人，少数民族5.87万人，占总人口的8.6%，其中傈僳族、傣族、回族、白族、佤族、阿昌族为世居少数民族，而阿昌族又是其中人口特少民族。

阿昌族聚居的新华乡是全市的特困乡镇，全乡共有阿昌族312户。作为已有种茶历史200多年的新华乡，年平均气温17℃，年均日照2261小时，年均降雨量1798毫米，无霜期309天。境内多山、多酸性土壤，海拔高差大，立体气候明显，气候与土壤赋予了当地发展山区生态型特色农业得天独厚的自然条件。每年 3 月至 4 月，新华乡 2 万多亩茶园应季步入春茶采摘时节。新华乡中心村茶园满目苍翠，漫山遍野的茶树随着山势绵延起伏，孕育出饱满鲜嫩的茶芽。阿昌姑娘们身着民族服饰，腰系小筐，穿梭在齐腰或齐肩高的茶树之间，不经意间描绘出一幅生机勃勃的春日采茶画卷。

为帮助新华乡早日脱贫，实现"小康路上一个民族都不能少"的目标，新华乡党委、乡政府深化农业供给侧结构性改革，聚焦产业培育，做好健康文章，制定茶叶产业发展规划。强化技术培训，提高散养茶树管理技术及茶所茶叶加工技术，改进中小型茶厂（所）生产工艺，积极引进和发挥茶叶加工龙头企业的带动作用，着力打造优质绿茶、红茶、普洱茶三个主导品牌，推动茶叶产业快速发展。目前，带动培育高产优质茶园 1.2 万亩，逐步形成了茶产业、茶经济、茶生态、茶旅游和茶文化互融互通、协调发展的现代茶叶产业体系。

采茶的阿昌妇女（摄影：龚得涛）

紧紧盯住脱贫攻坚、产业富民这个关键，新华乡围绕提质增效和品牌创建，进一步提升茶叶这一传统支柱产业。成立茶叶协会党支部，通过"党支部＋协会＋企业＋基地＋农户"的模式，充分发挥党支部的战斗堡垒作用和党员先锋模范作用。以茶叶协会牵头，由乡党委、乡政府多方协调项目和资金，按"一村一品"走适度规模经营路子，大力谋划发展茶叶产业，以开展产业发展座

谈会、名优茶评比赛等多种方式，召集种植大户、茶所企业、乡贤能人、茶叶专家集思广益，着力探索新华茶叶高产、优质、高效种植新模式。目前，全乡"三化一认证"正在高速创建，已注册"黄梨坡""贸顺""梅子坪""陇川江"等 20 余个产品商标和品牌；认证黄梨坡红茶、绿茶、普洱茶系列绿色食品品牌和认证绿色食品生产基地 1000 余亩。

　　茶叶作为新华乡的传统支柱产业，是当地群众增收的主要来源之一。目前全乡共有茶园 2.5 万亩、茶叶加工厂（所）69 个、茶叶协会 1 个、茶叶专业合作社 8 个。每年茶叶总产 3000 余吨，总产值达 1.37 亿元，茶农收入 8000 多万元。阿昌族群众有茶园 1737 亩，2018 年，通过发展茶叶产业创收 31 万多元，人均收入达 1000 多元。全乡有阿昌族带头人开办的茶叶企业 3 户。2019 年 6月，阿昌族 1737 亩茶园共实现茶叶总产量 61 吨，销售收入达 165 万元，效益较去年同期有了明显提高，阿昌族群众通过发展茶叶产业增加了收入，实现了增收致富。

欢歌起舞的阿昌人民（供图：新华乡人民政府）

 把小石斛变成致富大能手

杨新良，男，中共党员，江东乡河头村七社的村民。他，学历不高，仅有德宏州职业中专函授学历，却有着精明的头脑、非同寻常的人生经历和坚强的毅力。他，个头不高，其貌不扬，却能在市场经济的大潮中乘风破浪、披荆斩棘。他，出生于一个普通农民家庭，既无显赫的家庭背景更无殷实的经济基础，艰苦的生存环境却造就了他"人穷志不穷"的精神斗志，开启了他不平凡的人生旅程。①

一路走来，杨新良可谓是荣誉等身，他获得的荣誉有：2009年被芒市科技局评为2007—2008年度优秀科技辅导员；2010年被芒市科技局、科协评为优秀科技辅导员；2011年被芒市委授予"评星晋级创三百"百优党员称号；2011年被芒市人民政府授予"芒市第一届劳动模范"；2014年被市职中评为新型职业农民种植优秀学员；2015年被评为中组部、农业部农村实用人才带头人和大学生村官示范培训班优秀学员。

1988年，杨新良初中毕业，起初他在家种植茶叶和草果。但是由于江东河头村交通闭塞，自然条件恶劣，起早贪黑的劳作并未改变他的生活窘境，迫使他走出大山，踏上了探索致富新路的征程。20岁时，他孤身一人来到芒市城区附近种植番木瓜，先后经历25年的风雨历程，终于从番木瓜种植、开办石场、孵化鸡苗、荒山造林、种植石斛等创业模式中，成功开创了石斛产业发展的现代农业发展模式，即"石斛扦插育苗 + 石斛示范种植 + 石斛专业合作社 + 科技培训 + 石斛枫斗加工销售"的石斛产业发展模式。

在杨新良积极探索的多种创业脱贫模式中，他深刻认识到"山区要脱贫，科技教育必先行"，必须坚持"治穷先治愚，治穷与治愚相结合"，才能彻底摆脱贫困，走向富裕。

2005年，在外奔波多年后他毅然回到江东乡老家，决心探索开展石斛人工种植技术和科学种植模式。2006年，投资6.2万元在江东乡河头村试种0.8亩紫皮石斛。当时面临的最大难题是没有现成的种植管理技术和经验可以使用。虽然当时石斛市场行情年年上涨，但由于石斛种苗紧缺和投入过大（每亩投入约8万元），加之缺乏成熟的种植技术，许多农户都望而却步，不敢贸然种植石斛。

---

① 《大山深处的致富明珠》，中国文明网，2017年8月1日。

面对巨大的投资风险和技术考验，他并没有灰心丧气，而是信心百倍地刻苦钻研石斛种植及扦插育苗技术。一方面外出到龙陵、龙江等地参观和讨教；另一方面又从书本上查阅技术资料并结合江东乡的气候特点，亲身实践，因地制宜地攻克石斛种植技术和扦插育苗技术难关。2007 年扩种 1.2 亩，2008 年和 2009 年又扩种 1.5 亩，2009 年种植规模达到 3.5 亩，年收入达到 20 多万元。

日趋成熟的种植技术和可观的经济收益使杨新良在江东乡一鸣惊人，参观学习者纷至沓来。由于村民们亲眼看见了种植石斛的巨大收益，大家纷纷表达了发展石斛种植的强烈愿望和要求。特别是 2012 年以来由于市委、市政府对芒市石斛产业的高度重视，先后出台了石斛产业发展的一系列政策和措施，加之市场价格一路飙升，更是激发了许多干部群众和个体工商户投资石斛产业的积极性，随之而来的就是石斛种苗和科学种植技术的巨大需求。无论是对远道而来的参观取经者，还是本地农户，他都一视同仁毫无保留地将自己掌握的先进适用技术进行全面传授和推广。

2012 年至 2013 年，为了让他的扦插育苗技术和种植管理技术得到示范推广和全面普及，充分发挥其推动脱贫致富的重要作用，他带领村民在轩岗乡筠竹园村委会小水沟村民小组租地建立石斛扦插育苗基地和示范种植基地 125 亩，带动石斛种植户 20 户，并先后培训当地种植户 200 多户，培训人员 3270 人次，推动了全乡石斛产业的全面发展和加快了全乡脱贫致富步伐。并示范带动了周边乡镇和盈江、陇川、梁河等县市的石斛产业发展，解决了石斛种苗培育和种植管理等技术难题，成功探索出石斛仿野生种植模式和大棚集约化种植模式，迅速在全市范围内得以广泛推广和运用。发展至 2015 年，江东乡种植规模达 945 亩，年总产石斛鲜条 264.6 吨，年总产值 3175 万元；全市 2015 年石斛种植总面积达7354 亩，总产鲜条 2707.4 吨，种植业和枫斗加工产值达到 2 亿元。

杨新良依托创建发展农民专业合作社，带领周边群众踏上致富路。为了推动石斛产业发展模式从单一的传统种植模式向"扦插育苗＋示范种植＋专业合作社＋科技培训＋枫斗加工销售"的现代农业发展模式转变，延长石斛产业链，增加石斛产业的附加值，进一步提升石斛产品质量和培育石斛品牌，增加农村劳动力的劳务收入，加快脱贫致富步伐，富有远见卓识的杨新良，于 2009 年 10月在江东乡发起和创建了"芒市江东乡共荣石斛专业合作社"，杨新良担任理事长职务。经过 6 年的努力，共荣石斛专业合作社社员人数自创建之初的 17 户，发展到 2015 年的 156 户约 780 人，增加了 139 户约 695 人。

　　利用石斛专业合作社这一发展平台，将分散的种植户组织起来，统一联系和采购种苗、农药、化肥、农膜、钢材等物资，降低了购买价格、节省了种植成本；组织开展育苗技术培训、种植技术培训、石斛枫斗加工培训，并组织社员外出参观学习和观摩，选派几批学员到芒市职业教育中心参加枫斗加工培训。近5年来，共培训人员3270人次，让学员完全掌握科学种植技术和枫斗加工技术，不断提高技术水平，多次主动邀请和接待各地人员到小水沟石斛示范基地观摩和学习，只要其他种植户提出到农户家进行现场技术指导的要求，他都能亲自上门无偿提供耐心细致的技术指导服务，得到了社员的一致称赞。杨新良动员广大石斛种植户尽量不要直接出售鲜条，而是将其加工成石斛枫斗再销售。并积极帮助农户提供市场信息和寻找销路，既实现了石斛的加工升值，又延长了产业链，还解决了农村妇女就地就业和剩余劳动力的问题。这样他们既照顾了家里的老人和小孩又可以增加收入，维护了家庭的和睦。如今，种植石斛的村寨和加工枫斗的村寨赌博的人少了，打架闹事的人也少了，社会更加安定团结了。仅以小水沟石斛种植示范基地为例，近四年来就解决当地务工24675人次，支付劳务工资123万元；示范基地建立四年来总收入达到2570万元，其中，培育扦插种苗689万株，收入1028万元；紫草鲜条109吨，收入1302万元；加工紫草枫斗15吨，加工费收入240万元。接待各地参观人员3560人次。一分耕耘一分收获，2012年至2015年间，杨新良本人的13亩种植基地采收鲜条10吨，加工枫斗2.38吨，实现销售收入166.6万元；育苗基地2亩，培育扦插苗130万株，收入132万元，共计298.6万元，纯收入100多万元。

　　刚建示范基地时有一半多的农户从来没有种植过石斛，他们都很担心种不好。杨新良鼓励他们说："我已经种了7年，种植技术有把握，你们不用担心。我能种好你们也能种好。"他在种好自己基地的同时常常到各家田上查看，耐心指导，经常把好的病虫害防治方法和肥水管理措施传授给他们。现在他们已经熟练掌握了种植方法，每户年收入都达到了10万元，好的能达到40多万元。其中一户农户叫杨发周，他逢人便说："以前我只会种茶叶，全家人辛辛苦苦劳作一年最好的年成收入也只有2.5万元，现在跟着良哥种石斛仅石斛收入一年就有28万元，而且茶叶种植照样不耽误，全家一年少说也有30万元的收入。这在以前我想都不敢想，现在是做梦都在笑呀！良哥真是个好人啊！我们合作社现在有100多户了，大家都感谢他呀。"中年妇女们都说："我们上有老下有小，外出务工有许多不便，现在夏天可以在阿良的地上做工，冬季可以在家做枫斗。家里

107

能照顾，每年还能赚 1 万多元钱，现在日子是越过越开心啦。"在杨新良的示范带动下，江东乡目前从事石斛枫斗加工的人员涉及 7 个村委会，40 多个村民小组，加工人员达 4000 多人，每年全乡的石斛枫斗加工费收入可达 3000 多万元。2023 年，虽然石斛产业发展步入低谷期，但是他们仍然信心满满、迎难而上。

由于江东乡发展石斛专业合作社取得显著成效，共荣石斛专业合作社于2011 年被评为芒市农民专业合作社市级示范社。2012 年被评为州级示范社，2013 年被评为省级示范社，2014 年被评为国家级示范社。杨新良真正成为勤劳致富的领头雁，共荣石斛专业合作社有力促进了阿昌族地区的产业发展和幸福生活。

深山走出脱贫路

云南人口较少民族脱贫发展之路

新家园，新生活

在彪炳史册的脱贫攻坚战中，我国共有9899万贫困人口摆脱了绝对贫困，其中有960多万人是通过易地扶贫搬迁实现了脱贫，这也是中华人民共和国成立以来，涉及范围最广、涉及人口最多的一次移民搬迁。易地扶贫搬迁，不仅是中国特色社会主义制度在扶贫工作中的创举，更是取得了举世瞩目的成效。

在我国贫困人口中，有相当一部分生活在自然条件极为恶劣、人类难以生存的地方，传统的帮扶式的资金支持难以解决这部分群众的脱贫和发展问题。同时，我国西部贫困地区，生态环境问题与贫困问题相互制约。一方面，由于生态环境恶劣，群众的生产生活条件难以改善，生存环境日益恶化；另一方面，人们的活动也对生态环境造成了持续性破坏。如何实现这部分贫困人口的脱贫，成为易地扶贫搬迁政策出台的初衷，在这样的背景下，1983年，中国政府针对"三西"地区严重干旱缺水和当地群众生存困难的情况，探索实施"三西吊庄移民"扶贫，帮助当地群众摆脱贫困，取得了良好的经济、社会和生态效益，开启了搬迁扶贫的先河。之后，易地扶贫搬迁成为中国开发式扶贫的重要措施，受到重视并逐步推广。2001年，在内蒙古、贵州、云南、宁夏4省（区、市）开展易地扶贫搬迁试点，随后又陆续扩大到17个省（区、市）。国家发展改革委设立了中央预算内投资专项支持易地扶贫搬迁，形成了稳定的投入渠道，资金支持总量和户均补助标准逐步增加。多年实践证明，由于生产生活条件极其恶劣、就地扶贫措施成效不显著，易地扶贫搬迁成为"一方水土养不起一方人"地区摆脱贫困的最有效途径。

在易地扶贫搬迁工程的示范带动下，陕西、重庆等省（区、市）结合当地实际，统筹各方资源，实施生态移民、避灾搬迁等搬迁工程。2015年11月，中共中央召开扶贫开发工作会议，中共中央、国务院印发《关于打赢脱贫攻坚战的决定》，标志着中国扶贫开发事业进入了脱贫攻坚的新阶段。按照精准扶贫、精准脱贫的基本方略，各地组织开展了大规模的扶贫对象精准识别工作，基本摸清全国贫困人口分布、致贫原因、脱贫需求等信息，其中约有1000万农村贫困群众仍生

活在"一方水土养不起一方人"地区。基于这一现实情况，我国政府将"易地搬迁脱贫一批"作为新时期脱贫攻坚"五个一批"精准扶贫工程之一，决定用5年时间，把这些贫困群众搬迁出来，彻底摆脱恶劣的生存环境和艰苦的生产生活条件，帮助他们增加就业机会，实现稳定脱贫。

2016年以来，按照国家的统一部署，国家发展改革委、国务院扶贫办、财政部、原国土资源部、中国人民银行等部门和有易地扶贫搬迁任务的22个省（区、市），共同推进新时期易地扶贫搬迁工作，政策和制度体系逐步建立，工程建设顺利推进，工作进展和成效受到广泛关注。

习近平总书记指出："要有序推进易地搬迁扶贫，让搬迁群众搬得出、留得下、能致富，真正融入新的生活环境。"[1]我们的党和政府就是要通过实施易地扶贫搬迁政策，把这部分贫困人口搬迁出来，通过改善迁入地的生产条件，创造发展条件，不仅可以帮助他们脱贫致富，还可以缓解迁出地的人口压力，为改善和恢复生态环境打下良好基础。实施易地扶贫搬迁工程对于从总体上减少贫困人口，促进"老少边穷"地区经济、社会和生态环境协调发展，实现西部大开发和脱贫攻坚的战略目标都具有重要的意义。

具体到阿昌族而言，长久以来，阿昌族主要聚居在云南省西南部的德宏州和保山市的山区、半山区，生存环境恶劣，基础设施建设滞后，社会发育程度低，产业结构单一，人畜饮水困难，贫困程度深，就学难、就医难、出行难一直困扰着阿昌族的生存和发展。要彻底改变阿昌群众的生产生活困境，易地扶贫搬迁也是重要的方式之一。

 九保阿昌族易地搬迁脱贫记

千百年来，住有所居、安居乐业一直是中国人的梦想和追求，但对以前的赵安德来说，这是一个难以实现的梦。赵安德家地处九保阿昌族乡丙盖村马脖子村民小组的偏僻山区，山大沟深，闭塞落后，后因赵安德患大病，生活更加困难。2016年，赵安德家被纳入建档立卡贫困户，但马脖子地属滑坡点，一

---

① 中共中央党史和文献研究院：《习近平扶贫论述摘编》，中央文献出版社，2018，第82页。

遇雨季，水土流失严重，地质灾害频繁，恶劣的生存环境，让他家"安居"无望，"乐业"无门。

为彻底改善马脖子群众生产生活现状，按照党中央、国务院关于实施易地开发扶贫政策规定，2016年，九保阿昌族乡实施整村搬迁工作，引导群众开始逐步搬离。可让祖祖辈辈生活在马脖子的村民离开故土，到一个新的地方生活，大家顾虑重重：盖房子的钱从哪来？搬到下面没田没地吃什么？搬到新家能不能住习惯？家家户户都在观望，易地搬迁工作推进缓慢。

曾当过几年村民小组长的赵安德深知，只有搬出大山才有出路，只有挪出穷窝才能致富。为推动搬迁工作进度，给乡亲们带个头，赵安德义无反顾当起了"第一个吃螃蟹的人"。他一面配合乡村工作人员讲政策、答疑惑，解除村民后顾之忧，一面带头搬迁。为尽快搬家，他与妻子王留坤不分白天黑夜，赶工期、建新房、拆旧房，没日没夜地忙碌。他说："国家有那么好的政策，发补助、借贷款帮助我们搬出穷窝，我们应该心存感激，积极配合，决不能我上树，他扯脚，推三阻四。"最终，在工作人员和赵安德的积极宣传动员下，村民由"不愿搬"到"主动搬"，全村39户159人全部搬迁到了富平村集中安置点，家家户户搬进了安全漂亮的新房。

欢歌起舞（摄影：张彤）

看着乡亲们高高兴兴搬进新房，赵安德心里暖洋洋的，但"安居"只是第一步，"乐业"才是目的，如何带领乡亲们发展产业、稳定增收又让赵安德犯了难。此时，为做好易地搬迁"后半篇"文章，工作人员开始上门动员搬迁户种植甘蔗，当了解到种植甘蔗有技术指导、有培训，每亩有 500 元的补助，还能申请到小额贴息贷款时，赵安德顿时有了动力和底气。说干就干，他和妻子拿着申请到的 5 万元小额贴息贷款，以 300 元 / 亩的价格，租种甘蔗 20 余亩。夫妻俩一边刻苦学习相关种植知识，一边在实践中结合以往种植经验摸索，起早贪黑，吃住都在田里，挖沟、施肥、除草、修叶，把甘蔗照顾得格外仔细。终于，功夫不负有心人，在夫妻俩的辛勤劳作下，甘蔗丰产，每年收入能达到 5 万元左右。

在产业发展上，赵安德又一次成为领跑人，但他想："大家有饭要一起吃，有钱要一起赚。"于是，他又带领有种植意愿的农户开始种植甘蔗，无私传授他们种植技术，同时，为把村里富余的劳动力都吸收进来，他又同妻子商量，种植管理家里的 30 余亩茶叶，让乡亲们有一定收入来源。

靠着勤劳的双手，赵安德家的日子越过越红火。2018 年，顺利实现脱贫摘帽，为庆祝脱贫，他在自家的堂屋旁刻上"勤俭创业一堂和乐家境盛，道德培心满屋平安福泽多"的对联，勉励自己勤俭持家，向善而为。

"阿昌山寨好地方，安居乐业百花香，易地搬迁政策好，感恩思进不忘党。"如今，走进富平村集中安置点，总能听到老赵夫妇你一句我一句，用幸福美妙的山歌唱出对幸福生活的期望以及对党和政府的感激之情。同赵安德家一样，富平村的 39 户居民都在易地搬迁的好政策下，挪穷窝、换穷业，还清了建房贷款，装修了新房，阿昌族传统图案装饰其间，宽敞平坦的马路延伸到家门前，十几分钟的车程就能到县城，农药化肥、蔬菜水果有人送货上门，就医就学更加便利，实现了几代人"安居乐业"的美梦，朝着幸福生活大步迈进。

 在芒旦开启新生活

山明水秀的龙川江畔，一座崭新的村寨拔地而起，布局科学、依山傍水，绿水青山间，龙陵县龙山镇芒麦村芒旦易地扶贫搬迁安置点就在这里。易地扶贫搬迁是打赢脱贫攻坚战的重要举措，芒旦易地扶贫搬迁安置点的实施，让芒麦村阿昌族同胞挪出穷窝，走向了幸福的新生活。

新村生活，喜笑颜开（供图：中共德宏州委宣传部）

据了解，芒旦易地扶贫搬迁安置点，在 2016 年 8 月开始动工，2018 年 6 月，安置点竣工，搬迁对象户陆续入住。木架区、住宅区、街面，安置新村功能分区划分科学合理，哪一户住在哪一排，看上去一目了然。目前，共有 103 户居民入住，其中阿昌族 65 户 291 人，汉族 38 户 173 人，包含建档立卡户 81 户，随迁户 16 户，规模外安置 6 户。

赧留住是芒麦村典型的建档立卡贫困户。在没有入住新居前，住在篱笆遮围的木架房里，堂屋里还是泥土地板，不避风不避雨，破旧不堪，清贫寒苦。不仅如此，居住的老寨子还交通不便、饮水得不到保障，而且常年的山体滑坡损坏了农田，无法耕种，这使他常常忍饥挨饿、缺粮断水、缺吃少穿。特别是，辛辛苦苦从外面娶进的媳妇，也因为贫穷而离散远去。为了改变贫困现状，他只能到芒市、盈江等县市打工，留下 60 多岁的老母照顾两个年幼的孩子。在打工期间，他结识了现在的妻子，并组建了家庭。"政府将对建档立卡户实施易地扶贫搬迁政策，建档立卡户搬迁家庭人均补助 2 万元，拆除旧房人均还奖励 6000 元。"2017年，赧留住听到这个消息后，没有丝毫犹豫，便返乡开始筹划新房建盖。安置点

114

竣工后，搬迁户陆续入住，2018年3月26日，赧留住拆除旧房搬迁到安置点，他也是第一个搬迁到安置点的居民。现在，家里除内部装修外，基本修缮完毕。电视机、电饭锅、电磁炉、热水器、网络Wi-Fi等一应俱全。看到现在的生活状况，赧留住喜悦之情溢于言表："要是没有党的好政策，我做梦都想不到会过上这种好日子，衷心感谢党和政府的帮扶。"

搬迁之后，新村规模大了起来，经济活动也比较活跃。赧留住在家门口就能打工赚钱补贴家用，妻子在家中加工石斛枫斗，实现了收入保障，孩子也能安心上学。搬迁后，饮水、住房、医疗、养老、教育、人居环境等方方面面都有了保障和改善。家庭年纯收入从以前的5000多元提升到现在的3万多元。通过政策帮扶，让这个曾经困厄在凄风苦雨中艰难度日的家庭，感受到了春天的温暖。今后，赧留住还想发展种植、养殖等产业，实现增收，把日子过好，他对生活的光景越来越有了奔头。

"钱难赚，路难走，家庭破旧，生活环境差，以前的日子真是没法过。"回想起曾经的贫困生活，阿昌族村民杨绍荣感慨万千。在没有搬迁之前，杨绍荣家在芒旦打海村寨，整个寨子散布在半山坡上，村民大多住在低矮、阴暗的篱笆房里，家庭无产业支撑，经济来源单薄。此外，交通不便，泥巴土路，弯弯曲曲，坑坑洼洼的。要去往外地，就只能开着摩托车先到芒旦广场去坐开往县里的客车，再从县城转车。晴天泥路虽然尘土飞扬，呛得人连声咳嗽，但好歹行车安全上基本无虞。但如果遇到雨天，山路湿滑，不仅溅得满身的泥水，穿得干净整洁的衣服也被弄得脏兮兮的，而且泥路遇雨还很不安全，车轮打滑是常事，甚至还会翻车，让他无奈到极致。

搬迁到新村后，乡亲们就告别了山村里的贫困。现在，杨绍荣的新屋建得安全稳固，整洁清亮，出门就是水泥路，小轿车直接开到家门口。他靠自己的装修手艺在附近打工，也把日子过得滋润了起来，他说："生活在新村热热闹闹的，住在新房里舒舒服服的，再也不想回到从前了，这一切要感谢党和国家的好政策。"

"如果没有搬到这里来，我今年早就出去省外打工了。"在街面上开了一家摩托车修理店的赧昌直坦言，搬迁后，他看到了新村未来的希望和前景，便留在了家乡发展。搬迁到新村后，许多村民在街边直接开起了小卖铺、早餐店、冷饮店、烧烤店、摩托车修理店等店铺，新村这些小产业的蓬勃发展，不仅让村民有了收入保障，同时也解决了就业问题。

深山走出脱贫路

云南人口较少民族脱贫发展之路

欢歌起舞的阿昌族妇女（摄影：徐俊）

自搬迁新居后，59 岁的赧老美一直很忙碌，她是为数不多的制作阿昌族服饰的"坚守者"，从织布、染色、刺绣、缝制等所有工序都是纯手工制作。之前由于老家距离村寨较远，销路一直打不开。"我做的阿昌族服装，在老家时人家难去买，我也难下来卖。来到这里后，人家很方便来找我买，我也好卖，能多销售出去一些。"赧老美开心地说。

现在赧老美每月可以销售阿昌族服饰 3~4 套，每套价格在 500~1000 元。除生意不断、收入增加外，让赧老美感到最欣慰的是，交通的便捷增加了村民的往来走动，越来越多的年轻阿昌族妇女经常会邀约到她家了解阿昌族服饰的制作工序和其中蕴含的民族文化。村民杨朝彩说："我们阿昌族结婚还有重大节日都会穿上我们阿昌族服装，如果我们有需求的话，会和赧大妈来买，因为她的是纯手工制作的。"

"现在每天几乎都能赚到 100 多元，日子比以前好过多了，感谢党的好政策实现了我的梦想。"正在忙着做饵丝早点的阿昌族妇女石长芝笑着说道，搬迁后，她在街边开了一个小卖铺和早餐店，能在家门口做着自己喜欢做的事，并自食其力，她感到十分满足。环境优美、配套齐全，贫困户宜居宜业、生活便利，村民入住后脸上都洋溢着幸福喜悦的笑容，搬出深山的贫困户生活越来越美好。

与石长芝类似，年轻夫妻杨艳兰和赧兆相也不想离家太远。搬迁到新村后，小夫妻俩从此不用在上海与龙陵两地跑，夫妻俩在临街的铺面开了村里第一家冷饮店，生意很红火，每月能有 3000 多元的收入。空闲时间丈夫赧兆相还可以就近给人做装修，家里又多了一份收入来源。杨艳兰由衷地满意现在的新生活："终于不用愁着出去打工，不用在外面奔波，回家来这里发展，易地搬迁这个政策使我们一家人都能够团聚在一起，都可以互相照顾。"

搬出深山之后，村民们迎来了"三新变化"：

（1）村容村貌新。2016 年，在充分保留村落原有风貌的情况下，按照修旧如旧、传承文化、便利生活的思路，对整体布局、房屋都进行了改造、修缮，建设了排水系统、污水处理系统，墙体普遍采用青砖、辅以阿昌民族彩绘，入户路皆采用青石板铺就，充分展现了古朴与现代相结合的思路。根据民族文化活动开展需要，及时建设了极具民族特色的文化活动广场、活动室，在广场中央有代表民族象征的象图腾雕塑，四周的墙壁上，绘制了民族发展的演进史，真是无处不展现阿昌寨子的新风貌、新气象，是社会主义新农村建设的生动表达。

（2）生活风气新。以前的芒旦寨子，只要有三五个人聚集在一起，就会喝酒、打牌，过一天是一天，日子得过且过；邻里之间也总会为了一些鸡毛蒜皮的小事吵架；老人没有了劳动能力以后也是被随便对待，没有形成尊老爱幼的氛围；青壮年家长们一方面忙于外出打工挣钱，造成留守儿童问题，另一方面也是自身素质不达标，不懂得正确的家庭教育方式方法。所以对孩子也是疏于教导，导致孩子们没有养成较好的习惯，对于学习方面兴趣也不浓厚。这些不良风气一定程度上阻碍了芒麦村阿昌族的发展，甚至形成了恶性循环，进一步影响了下一代综合素质的提升。自从脱贫攻坚工作开展以来，上级党委、政府大力支持阿昌族文化发展，驻村扶贫工作队大力开展"自强、诚信、感恩"教育工作，使芒旦寨子的生活风气焕然一新。

阿露窝罗节热热闹闹地开展起来了，阿昌山歌对唱也组织得有声有色，阿昌族人民最古老的传统舞蹈"蹬窝罗"也跳起来了，这些健康有益的活动较好填补了乡亲们的闲暇时光，而且融入了家风教育、社会主义核心价值观教育等内容，寓教于乐，在活动中将良好风气发扬开来。现在只要你走进这个阿昌新寨子，聚众打牌、喝酒的人都不见了，邻里之间相处和睦，父母关心孩子成长，生活环境和状况改善了，老人得到应有的尊重，形成了尊老爱幼的氛围，整个阿昌寨子一片欣欣向荣。

新村夜景（供图：中共德宏州委宣传部）

（3）传统手艺新。阿昌族自古就一直有纺织、制作传统服饰的传承。在以前，芒旦阿昌寨子虽然落后闭塞，但在阿昌族服饰制作方面，本地裁缝设计、裁剪的阿昌族服饰颜色五彩缤纷、图案多样，具有很浓厚的民族特色。而且穿在身上贴身保温、潇洒自如。阿昌族传统服饰总体式样分为男装和女装。男装上身着黑色、粉蓝色、白色小领对襟衣，两侧开口放"座麻"，前面两边各放一明袋，左上方放一小袋，用各色丝线锁边，裤为黑色大裆筒裤，裤脚及膝下，小腿系"绞脚"。这些都是传统技艺，其他民族都不了解。脱贫攻坚工作开展以来，这些传统技艺在工作组的引导支持下，逐渐形成一种适于传播的民族传统文化。这些传统文化被专业人士传承下来，宣传出去，让更多的人了解和认识并喜欢上阿昌族的织布文化和阿昌族的传统服饰。越来越多的年轻男女结婚也开始选择阿昌族服饰。

入住新村初期，许多房屋还在修建中，基础设施还需完善，村民们还谋划着如何打造商业街、旅游特色小镇。如今，时过境迁，一个崭新的乡村风貌展现在眼前，一幅美丽富强、繁荣兴盛、乡村振兴的壮丽图景正在龙川江岸上徐徐展开，文化活动室、宾馆、养殖场、农家乐……一应俱全。今后这里还将设有农贸市场、阿露窝罗广场，乡亲们现在的生活充满了幸福感，新日子越来越有盼头咯！

盛开在五和家园的民族团结之花

五和家园位于德宏傣族景颇族自治州盈江县旧城镇主街道旁，意为"五个民族团结和睦的家园"。五和家园由包括阿昌族在内的汉族、傣族、景颇族、傈僳族等5个民族的易地搬迁户组成。[①]

在2018年以前，这里的群众曾分散居住在离坝区较远的上丙界、下丙界、邦坳、新麻撒、贺勐新村、团结6个自然村8个村民小组，道路交通条件极差，上学就医不便，且整体贫困程度较深。借助脱贫攻坚的有利契机，在盈江县委、县政府的决策部署和全力推动下，将分散居住的群众进行整体搬迁，在镇域规划区范围内300余亩的土地上以弧形结构布局5个民族搬迁居住区域，以5种民族文化元素打造出不同民族的特色民居。同时，将搬迁点取名为"五和家园"，寓意5个民族和睦相处、和衷共济、和谐发展。通过实施易地扶贫搬迁，群众摆

---

① 《各民族心连心　五和家园一家亲》，人民网云南频道，2022年10月13日。

脱了恶劣生存环境，彻底告别了"杈杈房"、土坯房，各民族在这个大家园里共居、共学、共事、共乐，共同迎来了新生活。现在5个民族同胞在一个社区生活，创造出一种美美与共、亲如一家的和谐氛围。

现在只要走进五和家园，一排排具有民族特色的漂亮民居马上呈现眼前，家家户户院门上竖起的五星红旗迎风飘扬；广场上，以石榴造型为基，刻着《五和家园民族团结进步公约》，彰显着5个民族团结守望的决心与信心。

据介绍，盈江县在五和家园迎来搬迁群众之初，就以"打造民族文化浓郁、人居环境优美、民族关系和谐示范点"为理念，将齐心协力助推民族团结融于设计细节之中——为促进民族团结，构建和谐的邻里关系，五和家园以弧形结构布局5个民族居住区域，区域无分界，户户开墙透绿。

"'五和'意为从8个不同地方搬迁而来的5个民族和睦相处、和衷共济、和谐发展。"东丙村党总支书记尚东云介绍，实施搬迁后，五和家园从村内5个民族中分别推选1名代表担任五和家园管委会委员，日常事务由民族代表共商共议，共同决策执行。村里还制定了《五和民族团结进步公约》——兄弟民族，搬迁聚居，相互了解，休戚与共。

孩子们喜欢在新建的阅览室读书（供图：中共德宏州委宣传部）

住在这里家家户户都没有高围栏，早上开门就可以看到邻居。不同民族的邻里之间也非常融洽，大家还能经常在一起过各民族的节日，又欢快又热闹。64岁的赵寿生指着自家260多平方米的楼房感慨："以前住的是竹篱笆房、瓦房，现在住上了新楼房，日子也越来越好了。"

有了新房子还得有"票子"。既要让群众"搬得出、稳得住"，更要让群众"逐步能致富"成为实施易地搬迁后面临的现实问题。为持续巩固易地搬迁脱贫攻坚成果，扎实做好搬迁群众的后续帮扶、稳定就业、增加收入，盈江县委、县政府统筹整合项目资金，依托沪滇帮扶项目规划，投入资金2330万元在五和家园建成面积10000余平方米，集农产品收购、加工、销售于一体，辐射带动群众就业的3期乡村振兴工厂。采取"支部＋企业＋农户"的经营模式，设立烟叶收购站，引进国家储备粮公司、烟叶公司、丰昌鑫电子厂、盈江县原种场种业有限公司等多家企业入驻乡村振兴工厂，其中用于烟叶收购、国家储备粮烘干的项目一期已投入使用，为100余名群众解决了就业问题。二期、三期为上海青浦区帮扶项目，建成2幢9200平方米的标准化厂房并完成了验收，招商引资后，能让300余名群众实现在"家门口"就业，同时村集体经济年增收达到60万元，"扶贫车间"正向着"乡村振兴工厂"迈进。此外，还积极引导群众转移就业、外出务工，充分借助盈江"东大门"区位优势推动乡村旅游发展，规划建设"百味特色小吃美食街"，建成临路铺面20余个。探索建立"村集体＋农户"经营模式，建设高山生态冷山羊养殖场1座、养猪场2座，培育种养殖大户29户。通过建好乡村振兴工厂，拓宽各类增收渠道，2022年五和家园群众人均纯收入达到了14000元。

发展种植养殖业、到扶贫车间上班、就近或外出务工等措施，让五和家园的各族群众有了更多更稳定的收入。乡亲邻里你追我赶，干事创业的积极性得到有效激发，家家户户致富干劲十足。五和家园下丙界村民小组组长、景颇族村民荣腊干曾是村里的致富带头人，如今他与阿昌族村民赵兴文合作经营养猪场，现有存栏猪100多头，年收入达20多万元。"大家互相介绍机会，交流经验，主动谋出路，想得也更远了。"荣腊干说。

经济发展起来了，五和家园的文化发展也正欣欣向荣。若想一次性体验德宏绚丽的民族风情，你就来五和家园。傣族的泼水节、景颇族的目瑙纵歌节、阿昌族的阿露窝罗节、傈僳族的阔时节，每逢民族节日，全村的各族村民们都会聚在一起，共同庆祝，共享喜悦……

景颇族群众学跳傈僳族的三弦舞，阿昌族同胞学唱景颇族的祝酒歌，已经成为五和家园常见的景象。在五和家园，5 个民族在这里交往交流交融，民族融合体现在方方面面。五和家园党支部书记赵兴文一家 7 口人，由汉族、傣族、阿昌族 3 个民族组成，大家同在一个屋檐下和睦相处、其乐融融。傈僳族村民尹连所说："我们 5 个民族搬在一起生活后，讲团结话、做同心事。"

2019 年，五和家园成功创建为云南省民族团结进步示范单位，旧城镇被国务院授予"全国民族团结进步模范集体"称号。2021 年，五和家园所在的东丙村被创建为第二批全国乡村治理示范村，盈江县获得了"全国民族团结进步示范县"荣誉称号。"说有利于民族团结的话、唱有利于民族团结的歌、做有利于民族团结的事"，五和家园通过将各民族传统节日打造为铸牢中华民族共同体意识的载体，开展共乐共享的文体活动，以润物细无声的方式，唱响"中华民族一家亲"主旋律，推动构建平等、团结、互助、和谐的社会主义民族关系，形成了"你中有我、我中有你，谁也离不开谁"的多元一体格局。

更令人高兴的是，2023 年 1 月，为贯彻落实党的二十大精神和习近平总书记关于"巩固拓展脱贫攻坚成果，增强脱贫地区和脱贫群众内生发展动力"的重要指示精神，国家发展改革委联合财政部、中国人民银行、住房和城乡建设部、国家乡村振兴局等 18 个部门印发《关于推动大型易地扶贫搬迁安置区融入新型城镇化实现高质量发展的指导意见》（简称《指导意见》），明确了今后一个时期推动大型易地扶贫搬迁安置区融入新型城镇化、实现高质量发展的总体要求、主攻方向、主要任务和支持政策。[①]要坚持以人民为中心的发展思想，坚持尽力而为、量力而行，聚焦大型易地扶贫搬迁安置区，以满足搬迁群众对美好生活的向往为出发点和落脚点，以巩固拓展易地扶贫搬迁脱贫攻坚成果，实施新型城镇化和乡村振兴战略为主线，着力扶持壮大县域特色产业，着力促进搬迁群众就业创业，着力提升安置区配套设施，着力完善基本公共服务体系，着力健全社区治理体系，解决好搬迁群众急难愁盼问题，加快实现人口市民化、就业多元化、产业特色化、基本公共服务均等化、社会治理现代化，全面转变搬迁群众生产生活方式，确保搬迁群众稳得住、逐步能致富，为推动脱贫地区高质量发展如期实现中国式现代化打下坚实基础。

122

---

① 《国家发展改革委印发指导意见 推动大型易地扶贫搬迁安置区融入新型城镇化实现高质量发展》，中国政府网，2023 年 1 月 28 日。

这份《指导意见》明确指出，要分类引导大型安置区融入新型城镇化，推动安置区与所在城镇一体化建设发展，推进产业园区和安置区产城融合发展，促进农村安置区城乡融合发展。要加快搬迁人口市民化进程，推进有序落户城镇，提高融入城镇能力，强化合法权益保障。要促进高质量充分就业，全面促进多元化就业，大力支持多业态创业，全方位提升就业技能。要推动县域产业特色化发展，提升安置区后续产业可持续发展能力，强化区域产业协作帮扶，提升县域特色产业辐射带动能力。要全面提升安置区生产生活便利性，推动县城基础设施延伸覆盖，支持配套设施提档升级，实现公共服务提标扩面。要建设治理现代化的安置社区，提高社区服务能力，创新社区治理模式。

所以，我们国家的易地扶贫搬迁真正做到了"搬得出，住得下，过得好"，这样想人民之所想，急人民之所急的党和政府获得了人民真心的拥护、爱戴。

深山走出脱贫路

云南人口较少民族脱贫发展之路

阿昌同胞的幸福生活

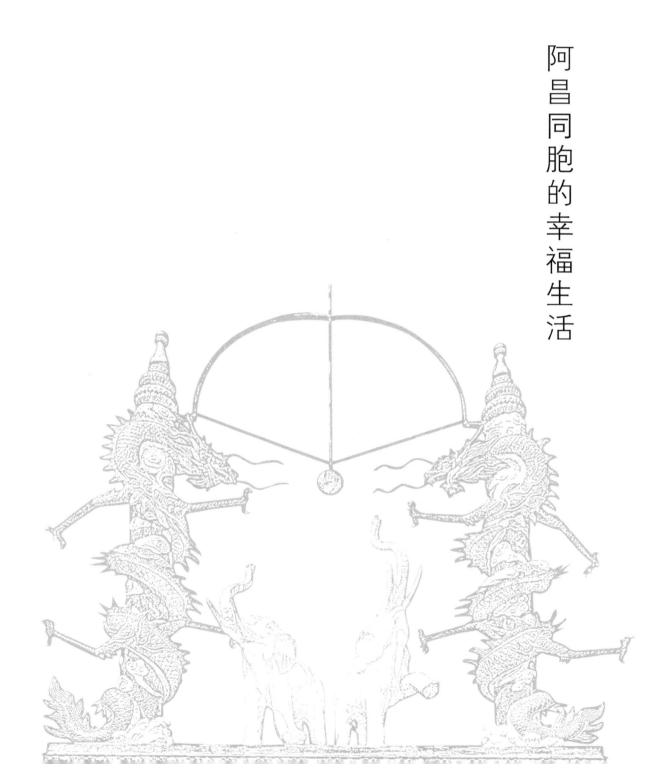

习近平总书记在全国脱贫攻坚总结表彰大会上指出："我们始终坚定人民立场，强调消除贫困、改善民生、实现共同富裕是社会主义的本质要求，是我们党坚持全心全意为人民服务根本宗旨的重要体现，是党和政府的重大责任。我们把群众满意度作为衡量脱贫成效的重要尺度，集中力量解决贫困群众基本民生需求。"[1]掷地有声的话语，彰显了以人民为中心的发展思想。以人民为中心的发展思想，体现在制度安排、政策设计的各个环节。东部地区对口支援中西部地区，党员干部结对帮扶贫困家庭，党委、政府因势利导出台精准脱贫之策，爱心人士出力出智汇聚全民支持脱贫的社会力量，"万企帮万村"行动蓬勃开展……让贫困群众过上好日子，成为社会各界的共同目标。建档立卡把扶贫对象找出来，精准施策把脱贫难点攻下来，结对帮扶把具体机制建起来，一系列制度性安排，紧扣国计民生，聚焦民生实事，着眼常态长效，使人民对美好生活的向往有了切实的制度保证。

对人民的情感更多地体现为社会主义大家庭的共同富裕，对人民负责最有力的行动是改善民生、增进福祉，为人民服务最有效的途径是永远站在最广大人民之中、设身处地为人民着想、千方百计为人民解难。更多的财力向脱贫地区倾斜，更多的企业在脱贫地区扎根，更多的爱心在脱贫地区汇聚，更多的内生动力在脱贫地区激荡，这都汇聚起强大力量，推动脱贫地区向着乡村振兴的目标继续前进。

2015 年以来，随着国家脱贫攻坚战略的实施，国家对阿昌族实施整族帮扶，这也是"以人民为中心"的生动体现。对阿昌族群众的扶持力度前所未有，阿昌族迎来新的发展机遇，农业产业迅速恢复发展、传统手工业得到传承和发扬，旅游业得到迅猛发展，阿昌族群众的日子越过越红火，在各项民生领域都得到了极大的进步，享受着如冬日暖阳一样的亲切关怀。

---

① 习近平：《在全国脱贫攻坚总结表彰大会上的讲话》，共产党员网，2021 年 2 月 25 日。

 ## 科技为农业发展插上翅膀

  历史上，阿昌族的主要经济来源就是农业。农作物以水稻为主，旱谷次之。对各种农具使用均较为熟练，水田耕作技术较高，号称"水稻之王"的优质水稻品种"毫公安"，就是阿昌人选育出来的。[①]但在中华人民共和国成立前，80%以上的阿昌族农民是佃户，农民除交纳田租和土司的"三大款"以外，还要缴纳设治局的各种苛捐杂税及本村乡老头人费用。在这种情况下，普通的阿昌族农民填饱肚子都十分艰难，更何况是吃上优质大米。

  中华人民共和国成立后，特别是党的十一届三中全会以来，在各级党委和政府的大力扶持帮助下，阿昌族聚居区的生产生活条件得到大幅改善，水、电、路等基础设施大为改观，辛苦耕种的阿昌族群众才真正成为"水稻之王"的主人。

  但是由于自然灾害频发和农科技术落后，水稻产量一直不高。1980年以后，阿昌族聚居地区因地制宜，逐步完善实行以粮为纲，坝区以甘蔗为主，山区以茶为主，根据各个村寨自然地理条件，实行多种经营全面发展的方针，推广"杂交水稻""杂交苞谷"，并实行多种经营，农业生产结构逐渐改善。

  近年来，各级党委和政府以及相关部门更是加强了农业科技扶持，水稻产量和质量都得以大幅提升。特别是户撒坝子的水稻无论是产量还是质量都居阿昌族聚居区之冠，进一步拓宽了户撒坝子阿昌族同胞的脱贫致富道路。"以前户撒生产的稻米卖不掉，现在不愁卖。"水稻种植大户、阿昌族村民虞祖福说，为打响户撒稻米的名号，他在相关部门的帮助下，从当地农信社贷款100万元，创办福睿粮油有限公司，经营粮食加工、销售、收购等。"我们公司向种粮农户承诺，稻米收购价格每千克比市场价高0.1元。"虞祖福表示，2019年，他共收购当地稻米1.4万吨，户撒乡的优质稻米几乎都被他收购了。当地生产的稻米深受市场欢迎，被商家订购一空。

  科技助力农业也可以有更多的创意元素，促进文旅融合进新农业。2019年，在驻村工作队的帮助下，户撒乡保平村积极同浙江大学农学院对接，依托"十三五"重点研发项目"功能及特色水稻新品种选育"，实施"创意农业"项目，

126

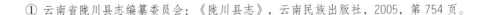

① 云南省陇川县志编纂委员会：《陇川县志》，云南民族出版社，2005，第754页。

建设了"功能及特色水稻新品种选育"实验基地和禾花鲤稻田养殖基地。这次合作尤为亮眼的出品是彩色稻田画项目，当地的阿昌同胞在浙大技术的助力之下，以田为"布"、以禾为"笔"，种出庆祝中华人民共和国成立70周年的巨幅稻田彩画，深切表达了阿昌人民的爱国之心。也吸引了周边县市的游客来到户撒，进一步推动了当地乡村旅游的发展。

户撒美景（摄影：桂金再）

　　大多数阿昌族群众居住在山区和半山区，对外交流比较闭塞而且山区自然灾害频发。这就导致了种植的作物品种单一，产量也不稳定，阿昌族群众发展经济始终面临着市场和自然灾害的双重挑战，严重影响阿昌族同胞的脱贫致富。

　　在相关政策的鼓励下，阿昌族同胞决心去单一的粮食作物种植，逐步改变为粮食作物的种植与甘蔗、茶叶、油菜、烤烟、果蔬等经济作物种植多样化发展的新局面。1980年，阿昌族地区开始实施家庭联产承包责任制，促进了农业生产发展。1992年，户撒乡以发展烤烟作为经济发展的起点。1997年起，推广高产新品种"大油菜"，平均每户增加纯收入1000~1500元。2005年，户撒全乡种植油菜面积达34000亩。2011年，陇川县被省农业厅列为油菜万亩高产创建活动县，户撒乡也成为云南省现代农业油菜产业技术体系德宏州区域推广站千亩产业技术综合示范点。近年来，户撒乡每年油菜种植面积保持在10000余亩，

收获油菜籽 1300~1500 吨。^①

陇川县属于亚热带季风气候，年平均气温 16.1℃，年日照总量 1965 小时，年均无霜期 278 天，年降雨量 2053 毫米。独特的地理、气候、土壤条件使猕猴桃的种植拥有了得天独厚的自然条件。2010 年左右，户撒乡开始有村民从外地购来种苗，试种猕猴桃。独特的地理、气候、土壤条件孕育出户撒猕猴桃果美味甜的独特品质。户撒猕猴桃也因此行销一时，猕猴桃也曾成为户撒乡群众增收致富的好手段。

但大部分果农沿用土办法粗放管理，加之户撒部分地区存在缺水、病虫害严重等问题，导致果实单产低、品质差，再加上村民无组织、无技术，在目前供不应求的市场环境中阻碍了猕猴桃产业的发展，产业对比效益相对较低，致使果农信心低落，种植面积逐年萎缩。

针对这样的情况，2019 年 7 月，户撒乡整合原有的 3 家猕猴桃种植专业合作社建立一个以从事高原特色农产品红心猕猴桃的种植、营销、引种、技术服务于一体的陇川县猕猴桃协会。以"党支部＋协会＋合作社＋基地＋农户"为发展模式，吸收农户通过土地入股参与到产业发展中来，手把手将种植管理技术教给乡亲，并采取提前认购稳定信心、错峰上市等措施发展猕猴桃产业。

户撒油菜花海（摄影：桂金再）

---

① 《发展壮大村集体经济 激活乡村振兴新动能》，《中国县域经济报》2023 年 12 月 16 日。

阿昌族图书展（摄影：张彤）

　　技术发展上，近年来陇川县的猕猴桃产业依托云南省、德宏州农业和科协部门组建猕猴桃县级专家工作站，整合科技优势资源，进行关键技术和共性技术的创新、集成、试验和示范推广，加快绿色高质高产栽培技术的推广应用，提升品质，增加单产。针对猕猴桃中期生长规律和雨季病虫害多发的特点，通过组织农户到猕猴桃高产种植示范基地开展现场培训、交流学习探讨和召开现场会的方式，让大家亲眼看到当前猕猴桃叶斑病害及处理办法，猕猴桃中期病虫害防治技术，传授管理经验，确保猕猴桃增产增收。2022 年，共组织开展猕猴桃产业专题技术培训 2 场（次），参训人员达 103 人，开展技术指导服务 5 次，共 60 余户。[①]猕猴桃产业现已成为全县重点发展的五大产业之一。同时，还成功注册了"陇川猕猴桃"中国地理标志证明商标。

　　德宏州科协、陇川县科协除送技术外，还积极配套省对下转移支付资金和基层科普经费累计投入 73 万元，齐心协力将猕猴桃产业提升为陇川县委、县

---

① 《陇川县以"效能革命"为抓手抓实猕猴桃产业提质增效》，陇川县人民政府官网，2022 年 8 月 24 日。

政府重点发展产业，积极争取政府财政资金投入 280 万元，为民解困。资金的注入，有效解决种植户生产中存在的突出问题及农户发展猕猴桃产业资金困难问题。如，发放旧果园补种果苗、发放绿色防控物资及肥料、发放猕猴桃果袋等，400 多户种植户得到实实在在的受益。

如今，户撒猕猴桃不论是产量还是质量都得到大幅提升，猕猴桃产业已然成为户撒"一乡一品"的亮点产业。2022 年，户撒乡有 400 多户农户种植猕猴桃，种植面积达 2000 余亩，预计年产量 300 余吨，将实现销售额 300 余万元。

此外，在帮扶单位云南省烟草公司的帮助下，部分阿昌族群众还精细化开展了烤烟种植。"从土地平整到育苗、移栽，再到中耕管理、采收、烘烤等，各个环节我们都派技术员进行指导。"云南省烟草公司派驻陇川县户撒乡潘乐村第一书记、工作队队长杨涛介绍说。

"以前我们阿昌族群众的收入太单一，就会种点稻谷和油菜，一年到头有一两万元的收入就不错了。这几年种烤烟会附带养殖几头牛，盖起了新房，购置了汽车。"潘乐村 60 多岁的村民曹保林说。

"目前，我们户撒乡种植烤烟 1.9 万多亩，种植户 5000 多户，基本实现了全覆盖。每亩烤烟纯收入达四五千元，并且种植当年就有收益，有效提高了群众发展产业的积极性和主动性。"陇川县户撒乡乡长余强介绍说。现在的户撒乡已成为陇川县的优质稻米、优质油料作物基地，也是德宏州的草果、板栗、猕猴桃之乡。

乡村旅游新气象

在群山连绵、云雾缭绕的高山森林之中，古老的阿昌族村寨如同点点繁星，分布在海拔 2000 米左右的山腰河谷之中，丰富的自然资源及悠久的历史文化，为阿昌族聚居区提供了发展旅游的先决条件。关璋新村就是这么一个乡村旅游的新热点。

2020 年中秋国庆旅游黄金周，云南省文化和旅游厅推出 10 条非遗主题旅游线路，并对线路及所涉及的非遗资源进行详细介绍。德宏州梁河县曩宋阿昌族乡关璋新村入围其中，"感受阿昌族民俗风情，观赏遮帕麻和遮咪麻民间文学传唱"成为旅游路线上亮丽的风景点。阿昌族创世神话史诗《遮帕麻和遮咪麻》，

2006 年被列入第一批国家级非物质文化遗产史诗项目代表性名录，其文化价值引起世人重视。

"咚、咚、咚……"刚到梁河县曩宋阿昌族乡关璋新村村口，就听到击鼓的声音。随行的村干部介绍，村里正在为游客展示阿露窝罗节的表演。走进村子，就能看到村民正欢快地跳着阿昌族的传统舞蹈蹬窝罗……

原来的关璋村地处西南边陲，是南方丝绸之路上一个古老的村落，历史文化底蕴深厚，民族风情浓郁。但由于基础设施建设滞后、产业结构单一、人畜饮水困难等问题，村里长期处于贫困状态。

2015 年 7 月，阿昌族被国家列为重点帮扶的人口较少民族，云南省烟草专卖局承担起阿昌族"整乡推进，整族帮扶"的重任。2019 年初，总投资 3500 多万元、占地 100 多亩、总建筑面积 2 万多平方米的关璋新村建成。

借助深厚的阿昌族文化底蕴以及壮美的自然景观、较好的基础条件，关璋新村掀起旅游热潮。随着关璋新村旅游业的发展，家离关璋新村 20 多千米的九保阿昌族乡的尹春焕来到这里，成立了梁河县娥昌民族服饰有限公司。"我的员工都是本地妇女，最多时达 160 多人。"尹春焕说，"她们专门负责织锦和制作手工艺品，生产所需的材料由公司提供，工人的报酬则根据产品的尺寸大小和复杂程度来结算。"

走进户撒乡户早村委会来细村民小组，数十户人家同居一村，村落依山势而建，错落有致。整族扶贫开始之后，村里的屋舍改建都保持原来的民族民居风格，现在已经统一建成阿昌族群众传统的木架结构青砖灰瓦民居。寨间交通要道也都用石板或碎石铺成，往来方便。"屋舍俨然，有良田、美池、桑竹之属。"这个原本寂寂无名的小村，改造之后的环境华丽转变成了很多人心中的桃花源，乡村旅游也逐渐发展得像模像样。

原来村里只有一条乡村土路，大型车辆不能直接开到村里，现在修通了公路，大型旅游车可以直接开到村里。打造新村后，引进水源，硬化道路，完善基础设施，这些就是乡村旅游产业能够发展的坚实基础。2015 年以来，除开展民居保障工程建设、基础设施建设、产业扶贫等帮扶工作外，还结合当地民族文化，深入挖掘阿昌族民族特色，在帮扶中突出民族文化元素。新村建设之初就把其定位为"中国阿昌美丽宜居休闲旅游第一村"，把新村用阿昌族语命名为"卑妥瓦"，着力打造阿昌山寨人文活动套餐、阿昌风情体验活动平台、阿昌农特产品系列品牌，将生态、民族文化、旅游、产业协同发展，促进乡村旅游发展。

在未来的乡村旅游发展中，要持续重视和支持民族文化发展，把民族文化挖掘、传承、发展与旅游进行深度融合，实现非遗文化传承发展与乡村旅游发展双赢的良好局面。

一方面，要发挥非遗文化的力量，提升各种文化遗产保护利用和传承发展水平，拓展非遗文旅的深度和广度，保护传承创新，守护文化根脉，助力旅游产业发展；同时，将非遗文化赋予生活气息，需要始终根植于群众的日常生活中，把最本真的文化展现出来，活化起来，使非遗文化生活化、常态化和可见化。另一方面，要完善相关配套设施，结合阿昌族本民族特色，合理规划、因地制宜打造特色景点；此外，还要加快旅游规划标志标识硬件设施建设，依靠文旅局培训乡村旅游技能从业人员及具有专业导游能力的从业村民参与，全方位打造出极富民族特色的非遗旅游品牌，吸引到更多的游客。有了党和国家的好政策，有了阿昌族同胞的苦干实干，阿昌族乡村就一定能吃上"旅游饭"，充分把握云南非遗旅游的重大利好，在脱贫攻坚衔接乡村振兴发展非遗文化旅游中发挥示范作用。

美食评比活动（摄影：张彤）

 民族文化焕新彩

代代相传的非遗技艺（供图：中共德宏州委宣传部）

在 2021 年 8 月中央民族工作会议上，习近平总书记强调，铸牢中华民族共同体意识是新时代党的民族工作的"纲"，所有工作要向此聚焦。文化是民族的重要特征，少数民族优秀文化是中华文化的组成部分，具有鲜明的个性特质和充沛的艺术创造力。阿昌族的独特文化灿若繁星，是中华民族大家庭文化的重要组成部分。中华优秀传统文化由 56 个民族文化共同组成，保护少数民族优秀文化，对于铸牢中华民族共同体意识具有重大而深远的意义。

但是由于长期以来的贫困、闭塞，阿昌族优秀民族文化难以被外人所知，有些甚至面临失传的危险。脱贫攻坚的进行，对文化方面的保护、传承也出台了一系列措施，让这些优秀的民族文化在新时期焕发出富有生命力的光彩。

在阿昌族灿烂的民族文化中，最广为人知的是户撒刀文化和阿昌银饰文化，而那些相对比较小众的阿昌族节日文化、史诗文化、春灯文化同样也是阿昌文化的重要组成部分，在阿昌族同胞的生产生活中也扮演着重要角色。

阿露窝罗节是阿昌族的传统节日，它由陇川县阿露节（会街）与梁河县窝

133

罗节合并而来。陇川县阿露节源于南传上座部佛教中"进洼"和"出洼"习俗。
"窝罗"的名称来源于蹬窝罗之前"窝罗"的呐喊声和"窝罗啦嘿来耶哟"的开
头唱句。1987 年出版的《民族词典》对"窝罗"作了如下界定:窝罗,阿昌语
音译,意为"堂屋旁边的欢乐"。阿昌族的一种传统民间歌舞。传说是为纪念
祖先遮帕麻和遮咪麻造天地日月、为人间造福的恩德。于逢年过节或有婚娶等
喜庆事时举行,届时宾主在一烧干(善于歌舞的领头人)率领下,围窝罗台(一
般是由一张桌子装饰而成)边唱边跳,其意是围着太阳和月亮转动,以寄托对祖
先的怀念,当地称此为"窝罗"。舞蹈动作已形成"双凤朝阳""日头打伞""月
亮戴指"等较为固定的程式。唱词每段一般有"母,窝罗"领衔,内容可以是简
短的抒情诗,也可以是较长的历史故事。动作和唱腔节奏皆明朗欢快,深为阿昌
族人民所喜爱。

　　为了更好地传承民族节日文化,1983 年,德宏州人民代表大会常务委员会
根据阿昌族人民的要求和《中华人民共和国民族区域自治法》的有关规定,正式
决定阿昌族的传统节日为窝罗节。1995 年改为阿露窝罗节,于每年的 3 月 20 日
举行,节庆时间两天。随着社会的发展,现代的阿露窝罗节,实际上已逐渐演变
成为一个大型的群体性迎新春文化娱乐活动。

欢乐的蹬窝罗(供图:中共德宏州委宣传部)

阿露窝罗节，在每年春暖花开的三月间举行。节日中，要搭起始祖弯弓射日的神箭标志，扎起青龙白象。通常节日开始，由德高望重的"活袍"主持祭祀仪式，吟诵创世神话史诗《遮帕麻和遮咪麻》的重要章节。歌唱祝赞始祖，开天辟地、创造人类、降妖除魔、重整天地的丰功伟绩。

节日期间，阿昌族群众，身着节日盛装，敲锣打鼓，载歌载舞，从四面八方汇聚到欢度阿露窝罗节活动地点，把节日推向高潮。当地各兄弟民族群众也是与阿昌族一起欢歌起舞，享受节日的欢乐。

按照习惯，阿昌族阿露窝罗节，要跳阿露窝罗舞蹈。窝罗舞蹈，原始古朴，神秘奇特。它模仿古老神奇动物和飞禽走兽的一些动作与大自然的壮观景象，真实描摹人们劳动的情形。因此，窝罗舞蹈具有"日头打伞""月亮戴帽""双龙行路""金龙转身""弩弓射日""男耕女织""传烟织布""割谷递箭""猛虎下山""苦竹盘根""的的吊鸟，不走叉叉路"等古老舞谱，有相对规范的舞蹈语汇和固定的动作。

节日里，耍狮子、舞白象，还进行玩春灯、打秋千、对山歌、武术比赛和文艺表演。"阿昌生得犟，不哭就要唱"，节日活动中，一个重要内容是对山歌。这是阿昌族人民能歌善舞、与生俱来的民族性格。

阿昌族民歌，在阿昌族传统文化中占有独特的地位。它包罗万象，充分体现了文学的功能和广泛的群众性和创造性。歌词讲究声韵对仗，词句对偶，大量采用比喻和拟人化的手法，即兴创作，因人、因事、因情、因景的不同，不断发生变化。节日期间，人们高歌古老的窝罗调，唱祖先，唱后人，唱山，唱水，唱生活，载歌载舞，通宵达旦。

阿昌族丰富多彩的节日文化，集中展示出阿昌族丰富多彩的民族文化传统。民间文学，歌舞音乐，表现了阿昌族人民惊人的智慧，丰富的想象和不凡的创造力，是加强民族团结，推进民族文化繁荣不可缺少的重要组成部分。

阿露窝罗节搭建的祭祀神台，实际上就是节日标志。它分三部分组成。第一层次，最上部分，是牌坊顶端所架一张弓箭，称神箭。其含义为纪念始祖遮帕麻，在史诗中用一张巨大的弓箭射落了乱世恶魔腊訇制造的假太阳。第二层次，中间部分，是青龙抱柱的两根立柱，一头白象顶珠造型。正面高扬象鼻的白象，栩栩如生，是吉祥神象。立柱之上，绘有青龙抱柱、太阳和月亮。第三层次，底座部分，是宽大的祭祀台基，通常是三级台基。

节日标志的整体造型高大雄伟、庄严神圣，每个组成部件及花纹图案，基

本上都是根据阿昌族创世神话史诗的历史故事记录对应地绘制在上面，具有相应的象征意义，都充满了神奇的含义与传说。

　　提起阿昌族的史诗文化，就不能跳过阿昌族创世神话史诗《遮帕麻和遮咪麻》，这是阿昌族口述文学中最杰出的代表作品，《遮帕麻和遮咪麻》是阿昌族世世代代口头创作、口头流传的一部神话史诗。全诗1300多行，内容包括造天织地、人类起源、补天治水、降妖除魔、重整天地几个部分，基本情节分十二折，每一折就是一个完整的故事。它产生于遥远的古代，被阿昌族誉为"阿昌族历史的颂歌"。遮帕麻和遮咪麻的故事在阿昌族民间家喻户晓，千百年来一直规范和影响着人们的思想行为，成为阿昌族赖以生存的精神支柱，具有重要的历史文化研究价值和文学艺术价值。2006年5月20日，《遮帕麻和遮咪麻》经中华人民共和国国务院批准列入第一批国家级非物质文化遗产名录。

　　这部史诗以颂词的形式存在，渗透于阿昌族的各种风俗礼仪和日常生产生活中，每年阿昌族的阿露窝罗节，都要祭奠创世神灵遮帕麻和遮咪麻，由德高望重的"活袍"进行史诗的念诵。

科技助力非遗（供图：中共德宏州委宣传部）

深山走出脱贫路
云南人口较少民族脱贫发展之路

136

　　曹明宽，1943年出生在云南省德宏州梁河县九保乡，他就是阿昌族有名的"活袍"，精通阿昌族的各种习俗礼仪，掌握阿昌族丰富的口述文学，常年奔走于阿昌族村寨，主持各种民俗活动，在当地有较大的影响力。于2007年被国家文化部命名为国家级非物质文化遗产代表性项目《遮帕麻和遮咪麻》的代表性传承人。

　　曹明宽从30岁开始主持各种祭祀活动，能念诵本民族创世神话史诗《遮帕麻和遮咪麻》，并根据祭祀对象念诵不同的段落。在阿昌族重大传统节日"阿露窝罗节"、民俗活动、百姓起房盖屋、娶亲嫁女的寻家谱仪式中，都能看到曹明宽唱诵《遮帕麻和遮咪麻》不同段落的身影。他还能用阿昌族语、汉语、傣语、景颇语四种语言主持祭祀活动祈求安康。在整个梁河县他既是阿昌族宗教祭祀活动的主持者——"活袍"之一，又是国家级非物质文化遗产代表性项目传承人，被视为阿昌族传统文化"活袍"的"重要守护人"，成为研究阿昌族语言、历史文化习俗及信仰的"活载体"。

　　歌唱《遮帕麻和遮咪麻》须全部使用阿昌语，这就导致了在阿昌族语言快速弱化和消亡的今天，能用阿昌语完整唱诵的人越来越少，身为国家级非物质文化遗产代表性项目传承人的曹明宽对此也表现出他的担忧。"阿昌话要阿昌人自己讲。"曹明宽说，现在一些阿昌族的年轻人都不会说阿昌话了。阿昌族的历史文化与生产生活有很大的关系，阿昌族的语言和汉语有很大的不同，作为阿昌族，要了解自己民族的历史文化，就需要掌握阿昌族的语言。他每到一个寨子，都会告诉村民，如果想了解有关阿昌族历史文化，随时可以找他，特别是关于阿昌族日常生活的礼仪知识。

　　随着脱贫攻坚工作的广泛开展，云南省对本省民族文化多样性的特点也采取了一系列措施进行扶持和保护。民族文化"百名人才"培养工程便是云南省"十三五"期间弘扬和发展民族文化的重点工程。2016年至今，省民族宗教委通过民族文化项目的方式，对已命名的100名民族文化"百名人才"进行全覆盖式扶持培养。梁河县"百名人才"项目于2017年开始扶持，项目总投入10万元整。

　　针对梁河阿昌族史诗文化的保护和传承，梁河县民宗局和县文体广电旅游局根据"百名人才"项目的目标要求，结合《遮帕麻和遮咪麻》的传承保护情况及传承人曹明宽的相关能力情况，联合实施民族文化"百名人才"培养工程项目，共同商讨制订了项目的保护实施方案，做到有目的、有计划、有条不紊地推进。

　　（1）修建《遮帕麻和遮咪麻》传承所。《遮帕麻和遮咪麻传承所》建设在九保乡勐科村小龙塘曹明宽的家。一是补助曹明宽修缮房屋，主要是翻修和更

换了损毁的椽子、楼板及瓦片等。二是装修、装潢和布置展室，主要改造门窗、装设展柜、进行《遮帕麻和遮咪麻》史诗的主题布展。三是购置了桌椅，冲洗、放置相关图片。传习所于2017年11月布置完成。

（2）开展《遮帕麻和遮咪麻》调查收集整理工作。《遮帕麻和遮咪麻》的调查、收集整理工作主要由县文体广电旅游局的非遗办工作人员完成。调查整理工作分两部分：一是由阿昌族学者杨叶生协助采访调查了曹明宽、梁其美、曹连文、杨发云、张恩富5位"活袍"，采录了他们的生平资料及传承《遮帕麻和遮咪麻》的经历，同时收集了曹连文、梁其美、杨发云主持相关祭祀活动时唱诵《遮帕麻和遮咪麻》的影像资料。调查、收集、整理完成文字资料5000余字，图片20余张，录像资料120余分钟。二是由横路村赵兴益和赵家磊两位已退休的老师协助采录了700多个阿昌语常用词汇，涉及自然景物、动物、植物、水果、蔬菜、家禽、用具、人体器官、称谓，常用动词、形容词等。采录、剪辑完成了60余分钟的《阿昌语轻松学光盘》。《遮帕麻和遮咪麻》调查收集整理工作于2017年12月底完成。

（3）开展《遮帕麻和遮咪麻》阿昌语培训。阿昌族由于没有本民族文字，语言失传严重，一大部分阿昌族人已经不会说本民族语言，阿昌语中夹带的汉语词汇越来越多，大量的不常用阿昌语词汇消失，导致中青年听不懂阿昌族"活袍"唱诵的史诗《遮帕麻和遮咪麻》及其他口传文学。所以为了传承这种文化，开展阿昌语培训十分必要。"百名人才项目阿昌族语言培训"于2017年10月27日开班，培训时间3天，培训对象为各乡镇和县直各机关的阿昌族干部职工，参加培训人员共计68人。培训邀请了赵家富、梁宗昌、梁桂昌、赵兴益、赵家磊、杨叶生、梁其美7位人员授课。授课内容涉及阿昌族生产生活用语的方方面面。为确保授课内容不交叉、不重复、有新意，两个承办单位提前组织7位授课老师进行教学任务分工。由赵家富主教人体器官、数字和称呼，梁宗昌教问候语，梁桂昌教生活日常用语，赵兴益讲常见植物和水果，杨叶生教传说故事的相关词汇，赵家磊教阿昌语拼音方案，梁其美讲授《遮帕麻和遮咪麻》传说故事。课程安排紧凑、合理，授课老师水平较高，取得了良好的效果。

（4）开展《遮帕麻和遮咪麻》火塘文化和进校园培训。为使每一个阿昌族都知晓《遮帕麻和遮咪麻》的故事，"百名人才"项目开展了火塘文化和进校园培训。火塘文化培训安排曹明宽、杨叶生、梁其美、曹连文、张恩富分别深入4个乡镇15个阿昌族主要聚居的村寨开展讲《遮帕麻和遮咪麻》故事活动。活动

时间为晚上 8 点至 10 点，以火塘文化的形式进行。为吸引更多的人参与听故事活动，购置了牙膏和糖果发放给每位来参加活动的村民。此次火塘文化培训共计参加人数1000人次，是一次普及力较高的活动，使大部分阿昌族群众都知晓了"遮帕麻和遮咪麻" 故事的主要内容、传承方式、在本民族生活中的运用及相关价值意义。

进校园培训的目的主要是传承弘扬《遮帕麻和遮咪麻》，发挥其教化和审美艺术功能。"百名人才"项目组的工作人员分别到弄别村、关璋村、横路村 3 所小学开展了进校园活动。工作人员深入浅出地给学生讲述了整个故事，分析了作品的语言美、结构美及文学艺术价值。同时，还给每位同学赠发了《遮帕麻和遮咪麻》诗体版书籍、作业本和笔。活动受众 146 人次。

在工作组和阿昌族同胞的共同努力下，《遮帕麻和遮咪麻》这一史诗文化的民族文化传承人队伍得到了壮大和年轻化，为阿昌族民族文化可持续发展提供了人才保障，增强了文化自信，促进了民族文化繁荣发展。

阿昌族主要分布在滇西地区，虽然没有本民族文字，却创造了一种民俗与民间戏曲相结合的玩春灯迎新春习俗。这种独特的传统年俗文化活动，在阿昌族聚居地滇西梁河县、腾冲市、芒市等地普遍盛行，丰富了整个中华民族的年俗文化内容。

欢度阿露窝罗节（摄影：张彤）

阿昌族玩春灯活动在春节期间举行，以祭祀阿昌族传说中保佑家财兴旺、五谷丰登的灯神为中心，以民间戏曲为主要表现形式，传统文化浓厚，民族特色浓郁，节庆气氛热烈。因为受到族群分布环境及周边文化的影响，阿昌族玩春灯活动在不同地区又有不同特点，丰富多元，在统一性的前提下具有多样性。

阿昌族有春灯习俗，阿昌语叫"蹬列"，当地习惯叫玩灯、玩春灯，有三种风格迥异的春灯。从表现形式分，有"狮子灯""火马灯"和"麒麟灯"；从文化功能分，有"神灯""了愿灯""太平灯"。有的又冠以地名，如勐科春灯（属于火马灯）、曼巷春灯（属于麒麟灯）、芒展春灯（与其他12堂春灯属于狮子灯）。在阿昌族聚居的主要村寨，都有春灯队。据统计，阿昌族聚居地区传承有14堂灯，每堂灯即一个春灯队。每个春灯队，队员人数少则30人，多的约50人，目前参加过或会玩春灯者有近千人。

表演春灯的队员来自各村，由品行端正、心灵嘴巧、聪明能干的阿昌族老中青男子组成。德高望重的长者，负责组织管理春灯队。中年人经验丰富体力充沛，担负重要角色，吟诵贺词，敲锣打鼓做伴奏或管理道具。年轻人则参与学习，在实践中传习各种春灯行当。各个阿昌族村庄，人们十冬腊月练灯，正月春节上灯，初二灯场上众灯，逐户玩钻家灯，出灯外乡，农历正月十六收灯，回堂扫堂送灯。整个玩灯活动伴随过年，玩灯舞狮，走村串寨，深受欢迎。

阿昌族春灯表演，有不同的行当、分工和术语。有灯根、灯神、灯魂。春灯文化的传承者叫灯头，或叫灯首、火头。舞耍狮子者，叫狮子头。参加表演的传承人，叫玩灯人。发送邀请函，叫送灯帖。出寨表演，叫出灯。归寨表演，叫收灯。全村表演，叫玩众灯。分户表演，叫玩钻家灯。春灯祭秋，叫参秋（参拜秋神之意）。组织灯队，主管祭祀灯神的人家，叫灯头家。

玩灯时，按戏剧程式，有戏装、锣鼓、道具，有各种纸糊灯笼及动物偶像。人物角色有老铁子、毛兆德、毛家奶、白日捣鬼、大仙、老土、仙女、童子、寿星、茶公、茶婆、江西客、生意客、读书郎等。这些人物，按场合粉墨登场，吟唱阿昌族传统戏剧唱腔，用方言土语与阿昌族母语吟诵台词戏文，借鉴汉族古装戏、文明戏程序，传习手抄本台本，表演相关戏剧，当地称为"春灯调子"。

表演春灯开戏前，敲锣打鼓，舞狮，说贺词，然后按观众要求上演几种阿昌族民间流传的戏剧、调子、折子戏，表演武术。玩春灯习俗充满浓郁厚重的传统文化价值，春灯文化受到当地阿昌族及其他民族群众欢迎。

阿昌族玩春灯，表演春灯戏，小戏、折子戏的剧目很多，虽然这些戏曲的

人物故事、情节矛盾、戏剧冲突等，结构相对简单，形式比较单一，但演出过程中边歌边舞，形成民歌小调歌舞风格，很有特色。

春灯文化对于阿昌族来说具有重要意义。在历史上，阿昌族乃至整个云南的少数民族，除少部分稍先进的坝区外，大部分地区经济落后，文化落后，习俗古朴。《元史列传》的《赛典赤·赡思丁子纳速刺丁·忽辛附》中记载："云南俗无礼仪，男女往往自相配偶，亲死则火之，不为丧祭。无秔（音 jīng，粳的繁写）稻桑麻，子弟不知读书。赛典赤教之拜跪之节，婚姻行媒，死者为之棺椁奠祭，教民播种，为陂池以备水旱，创建孔子庙、明伦堂，购经史，授学田，由是文风稍兴。"可窥见当时云南少数民族的大概情况。春灯有好些节目的唱词调子内容，涵盖了政治、经济、社会、文化、礼仪、交友、爱情、婚姻、娱乐、劳动、建设等方面，在唱词和节目台词中，有大量国学经典内容，在当时是高水平的。通过演唱传播这些经典，从思想意识上初步打下了作为中华文化精华的国学基础，使民众认识到文化的重要性，激发了学习汉文化的热情。正因为如此，阿昌族作为没有文字的民族，在旧社会就有一些学习汉文的读书人。可见阿昌族十数堂灯，对阿昌族现代文化启蒙和发展起了不可估量的助推作用。

随着脱贫攻坚工作的深入推动，当地政府也越来越重视保护、传承少数民族优秀文化。梁河县文化馆对阿昌春灯在内的梁河的地方戏曲剧种进行宣传、培训、展演，支持了本地农村地区小剧团、戏曲社团和戏曲表演队等多种类型的业余戏曲表演团队发展，增强农村戏曲传承发展的自我服务能力，让农民多渠道、多途径参与戏曲体验，享受戏曲服务。2019 年 1 月 6 日至 12 日，梁河县文化馆到九保乡勐科村组织开展了为期 6 天的"阿昌人一堂灯"保护与传承培训活动。文化馆聘请了阿昌民间老艺人张天云、张天贵作为培训老师，培训内容包括阿昌舞狮、使春牛、火马春灯等，培训人数 30 余人。通过此次培训使阿昌一堂灯得到了很好的传承和发扬。

2020 年 5 月 19 日至 6 月 1 日，梁河县文化馆、勐科村"火马春灯"阿昌传统戏曲表演队、九保乡阿昌族民歌民语传承队，分别到九保乡勐科村委会、九保乡勐科荒田村、小厂乡小厂村黑脑子、九保乡横路泉兴村、九保乡横路村横路、九保乡丙界村那峦、九保乡丙界联合村、河西乡勐来村别懂、河西乡勐来村勐来、河西乡勐来村帕街、九保乡勐科村羊叉田、大厂乡大厂村等 12 个村寨，开展"戏曲进乡村"演出活动，观众约 6250 人。阿昌春灯表演必将越来越红火。

不可否认，依托民族文化资源，打响文化旅游牌，无疑是推动乡村振兴的

一条好路子。当下一段时间内，继续巩固脱贫攻坚成果，推动脱贫攻坚与乡村振兴的有机衔接，需要倍加珍惜脱贫攻坚成果，努力抢抓发展机遇，乘势而上，坚持发展传统的阿昌族文化，加快阿昌族乡村发展，推动阿昌族地区实现脱贫攻坚成果同乡村振兴有效衔接。

正是读书好时节

  文教卫生基础设施的落后，导致了阿昌族人口整体素质偏低，自我发展可持续能力较差。尤其教育方面，家中子女较多，教育支出过大以致"教育致贫"的现象反复出现；教学资源紧缺与学生需求不断增长之间矛盾突出；学校危房问题亟须解决，农村社会发展基础设施的不到位，难以承载阿昌族教育的现实需求；缺少高劳动技能的培训机构；民族人才储备严重不足，难以形成阿昌族地区全面建成小康社会的必要智力支撑和人力资源基础。

  读书改变命运，特别是对于农村贫困家庭的孩子来说，好好读书是通往成功最"直接"的阶梯。虽然是这么个道理，但是对于农村贫困家庭的父母来说，家底薄，支出多，该做决策的时候回旋余地少。所以孩子学习差犯愁，孩子学习好也同样犯愁。几年前，德宏州梁河县曩宋阿昌族乡马茂村弄哄村民小组刀如文夫妻俩就遇到了这样的困境。

关璋幸福小学（摄影：许洪印）

刀如文和妻子李仲菊都是本本分分的农民，半辈子过下来只能靠勤耕苦作几亩薄田维持生计，但他们的3个孩子却个个学习优异，夫妻俩打心眼里高兴，但愁人的事也接踵而来。随着孩子逐渐考入高中，教育开支越来越大，单薄的传统农业收入已经难以维系整个家庭的各项开销，但是又一直没有别的出路，这样下去如果3个子女继续同时上学，夫妻俩根本无力承担不菲的学费，夫妻俩思前想后，还是没有解决的办法，一家子愁容满面。在这种情况下，懂事的大儿子刀昌兵主动要求退学，把宝贵的学习机会留给了成绩更好的两个妹妹，可即使大儿子退学，也无法改变家庭因学致贫的困境。

2015年，各级政府响应党中央号召，脱贫攻坚战正式打响。同年，刀如文一家被精准识别为"因学致贫"纳入建档立卡户进行挂钩帮扶。

党和政府因户施策，为刀如文一家送去了最需要的关怀和帮助。实施教育帮扶，为家中两名在校学生减免各类费用开支，发放教育扶贫资金，引入社会帮扶；实施产业帮扶，对刀如文夫妇进行产业技术培训，申请专项产业扶贫资金和无息产业扶贫贷款；实施转移就业帮扶，对大儿子刀昌兵进行就业技能培训，积极引导其参加扶贫劳务输出项目，到江苏务工。

在县、乡、村三级扶贫工作队员的帮扶和引导下，刀如文夫妇乘上了脱贫致富的"快车"，依靠专项产业扶贫资金和贷款，积极参与乡里引进的烤烟和百香果种植项目。夫妻俩起早贪黑，一步步熟悉种植流程，一点点积累技术经验。几年来，产业发展越来越好，家庭收入一年比一年高。2022年，刀如文家租种烤烟15亩，百香果0.7亩，产业收入达6万余元。大儿子刀昌兵赴江苏务工，凭着吃苦耐劳的作风和扎实的技能，每月收入5000余元，与父母共同承担起妹妹读书的开销。

乘着国家扶贫的东风，几年奋斗下来，刀如文家成功实现脱贫出列。"脱贫不脱钩"，各项扶贫措施持续发力巩固拓展脱贫攻坚成果。家庭情况的显著改善也使得刀如文的两个女儿终于放下思想包袱，全身心投入学习中，2018年，姐妹俩双双考入大学。二女儿刀昌翠考入昆明医科大学，三女儿刀昌川考入云南中医药大学，两人都选择了"定向就业"招生计划，大大减轻了家中供养两名大学生的经济负担。姐妹俩在国家各项资助政策的帮扶下，求学之路由崎岖的羊肠小道终于转变为康庄大道，实现了通过知识改变命运的梦想。她们的座右铭是"铭记党恩，回报社会"，立志在不久的将来为家乡建设贡献力量。

在党和国家各项政策帮扶下，刀如文家的日子蒸蒸日上，夫妻俩对未来充

满希望。"真的要感谢党和政府，在我家最困难的时候，是党和政府拉了我们一把。虽说现在还供着两个大学生读书，但是负担已经轻多啦，好日子越来越近了！等女儿们一毕业，我们夫妻俩就更轻松了。但是，只要我们还能动，我们也会继续把国家扶持的产业一直做下去！"刀如文感慨道。

习近平总书记指出："教育公平是社会公平的重要基础，要不断促进教育发展成果更多更公平惠及全体人民，以教育公平促进社会公平正义。要加强对基础教育的支持力度，办好学前教育，均衡发展九年义务教育，基本普及高中阶段教育。要优化教育资源配置，逐步缩小区域、城乡、校际差距，特别是要加大对革命老区、民族地区、边远地区、贫困地区基础教育的投入力度，保障贫困地区办学经费，健全家庭困难学生资助体系。要推进教育精准脱贫，重点帮助贫困人口子女接受教育，阻断贫困代际传递，让每一个孩子都对自己有信心、对未来有希望。"①教育帮扶政策就是促进边远地区教育公平的一项好政策。

德宏陇川户撒乡阿昌族学生搬进
对口帮扶新援建的幸福小学新校舍（摄影：杨峥）

① 中共中央党史和文献研究院：《习近平扶贫论述摘编》，中央文献出版社，2018，第139页。

关璋村幸福小学（摄影：张彤）

　　"幸亏有了教育扶贫的好政策，我女儿上大学的学费才有了着落。"户早村来细村小组阿昌族村民康团翁感慨道。前些年，康团翁靠着在外务工养活一家老小，当他的女儿考上普洱的大学时，他发愁了，二女儿还要上高中，钱从哪来？正当康团翁为钱而愁时，挂钩单位及时给他提供了助学奖励，解了他的燃眉之急，他的女儿也实现了大学梦。

　　从2016年起，对考入大学的阿昌族学子，云南省烟草专卖局（公司）给予每人每年5000元的助学奖励，这极大地鼓舞了户撒学子的求学积极性。据了解，户撒乡以前办学条件相对滞后，义务教育阶段学校基础设施和教学设备陈旧。在一些偏远村寨，送子女接受优质教育成为父母的一种奢望。

　　基础设施建设薄弱，曾是影响阿昌族聚居地区基础教育进一步发展的重要因素。谈起曾经户早小学的条件，不仅让阿昌族群众心忧，更让教师群体寒心，尤其是新进教师，看着老旧的校舍，坑坑洼洼的跑道，一腔为素质教育出力的热血马上就被残酷的现实浇灭了。2015年，在各级党委政府和云南省烟草专卖局（公司）及社会各界的关心支持下，户撒乡户早幸福小学被纳入滇西边境片区集中实施阿昌族整族推进规划重点项目之一来建设。项目总投资780万元，新建教学综合楼、教师宿舍、食堂、200米跑道运动场、篮球场、道路及其他附属设施。硬件设施完善起来了，老师、学生要好好教、好好学的精神劲头也就越加提升了。在各方面的共同努力下，2021年度，户早幸福小学高年级学科成绩在陇

145

川县、户撒乡名列前茅。2022年陇川县优秀教师评选，户撒乡共有6名教师获奖，其中，户早幸福小学就占了3名。培养一个孩子，改变一个家庭；办好一所学校，造福一方百姓。如今的户撒乡户早幸福小学，崭新的教学综合楼、干净整洁的学生食堂、标准化的运动场等设施一应俱全，成为一所校园环境优美、文化氛围浓郁、校舍建设标准的边疆乡村民族示范学校。

再走进关璋村幸福小学的校园，整个校园环境整洁、红旗飘扬、书声琅琅，给人的第一印象就是"这真是一个读书的好地方"。但是据校长介绍，以前，村里教学条件差，很多适龄学生选择去镇上或县上读书，学校只有4名老师和2个班30多名学生，校舍也是土木结构。直到帮扶项目启动后，云南省烟草专卖局（公司）投资780多万元修建了学校教学楼和学生宿舍、教师宿舍、食堂、运动场，还为学校添置了电脑、多媒体教学设备、学生桌椅。随着教学条件的改善，慢慢地，在外读书的孩子回来了。到2019年，学校已有学生85人，其中84人为阿昌族。为方便管理，学校实行寄宿制，孩子们再也不用每天走半个多小时的路了，学校管理起来也方便了。

德宏陇川县户撒乡户早幸福小学
阿昌族儿童在多媒体教室上课（摄影：杨峥）

在户撒乡，一同被援建的第五中学是一所少数民族聚居地的农村寄宿制初级中学。曾几何时，"下雨天漏雨，刮风天钻风；雨天一身泥，晴天一身土"是学校的常态，如今，崭新的教学楼、实验楼、图书楼、餐厅、学生宿舍楼、教师周转宿舍、标准足球场、篮球场、排球场应有尽有。办学条件的日益改善，管理的日趋科学、规范，促使学校教育教学成绩稳步提高。

考虑到师生的出行需要，上海烟草集团有限公司、上海汽车集团股份有限公司共同早在 2015 年就向德宏州梁河、陇川的 4 个阿昌族乡镇 7 所学校捐赠 7 辆上汽大通守护星专用校车，助力师生出行安全。

面对这样的变化，帮扶单位云南省烟草专卖局（公司）驻户撒乡工作队队长杨涛说切身感受到了全面改善贫困地区义务教育薄弱学校基本办学条件，既是守住"保基本"民生底线、推进教育公平和社会公正的有力措施，也是增强贫困地区发展后劲、缩小城乡和区域差距、推动义务教育均衡发展的有效途径，有利于增进民族团结、维护边疆地区和谐稳定。

习近平总书记指出：治贫先治愚。要把下一代的教育工作做好。特别是要注重山区贫困地区下一代的成长。下一代要过上好生活，首先要有文化，这样将来他们的发展就完全不同。义务教育一定要搞好，让孩子们受到好的教育，不要让孩子们输在起跑线上。古人有"家贫子读书"的传统。把贫困地区孩子培养出来，这才是根本的扶贫之策。[1]教育兴则国家兴，教育强则国家强。教育是国之大计、党之大计。教育扶贫能有效提升贫困家庭的脱贫能力，开拓了贫困人口子女的发展空间，有助于切断贫困代际传递。党中央、国务院始终把教育摆在优先发展的战略位置，始终做到规划优先、投入优先、资源优先。党的十八大以来，国家财政性教育经费占国内生产总值比例连续保持在 4% 以上。[2]

优先向农村地区、边疆民族聚居地区、革命老区、边远贫困地区教育发展倾斜。其中，"义务教育有保障"是"两不愁三保障"的重要指标，"控辍保学"则是实现目标的重要任务。来自教育部的数据显示，截至 2020 年年底，全国义务教育阶段辍学学生由台账建立之初的 60 多万人降至 682 人，其中 20 多万名

① 中共中央党史和文献研究院：《习近平扶贫论述摘编》，中央文献出版社，2018，第131页。
② 孙亚宁：《教育部：国家财政性教育经费支出占 GDP 比例连续 10 年保持在 4% 以上》，中华人民共和国教育部官网，2022 年 9 月 27 日。

建档立卡辍学学生实现动态清零。[①]

在帮扶行动中，各级党委政府、帮扶单位特别重视当地教育，先后启动了3个阿昌族乡的小学拆除重建项目。2015年以来，通过教育帮扶、"雨露计划"、中色集团资助、烟草公司帮扶阿昌族在校大学生、阿昌族聚居区家庭经济困难在校大学生助学金等帮扶项目，全乡大学生共享受帮扶2659人次、帮扶资金达572.96万元。

如今，随着越来越多的阿昌儿女走进高等学校的大门，视野从山乡面向世界，能力也在不断增强。阿昌族大学生们也在用自己的力量回馈社会，横路芒展村108户就有15名在校大学生。除了政府和社会的帮扶，由党支部牵头，自己还办起了"芒展教育发展论坛"，分享学习经验和心得。还成立了芒展曹家寨助学基金会，资助本村考上高中和大学的学生，鼓励有志读书的阿昌青年继续努力学习，为家乡的振兴作贡献。[②]2020年，由于新冠疫情的影响，各所大学迟迟不能开学。户撒阿昌族乡动员起在乡大学生的青年力量，通过"四个服务"活动助力脱贫攻坚关键之年。这四个活动分别是：一是服务户撒旅游宣传，大学生们通过新媒体发布信息，助力户撒乡村旅游实现新突破，带动服务业增收300余万元。二是服务在校中小学生，坚定读书信心。20多名大学生被组织起来分组走访有在读中小学学生的家庭，他们通过对自身经历的回顾，大学生活的叙述，让中小学生开阔眼界，坚定学习信心。三是服务清洁活动，提升人居环境。户撒乡组织在乡大学生走访建档立卡户，对人居环境较差的家庭，集体帮助收拾打扫，用实际行动带动身边群众，实现人居环境的大提升。四是服务沟通交流，建言户撒发展。在乡大学生们通过观看《陇川县脱贫攻坚宣传片》《发现德宏》等有关家乡的专题纪录片，组织起建言家乡脱贫的座谈交流会，充分体现了当代阿昌族优秀大学生的责任意识和家国情怀。

根据《中国2010年人口普查资料》公布的第六次全国人口普查数据[③]，2010年阿昌族6岁及以上人口34844人，接受过初中及以上教育的有14626人，占比41.98%；接受过高中及以上教育的有4098人，占比11.76%；接受过大专

---

① 张烁、丁雅诵：《教育扶贫，托起美好未来》，《人民日报》2021年3月22日。
② 中共云南省委宣传部、云南省社会科学院：《边疆人民心向党》，云南人民出版社，2021，第171页。
③ 数据来源：国家统计局第六次全国人口普查汇总数据。

及以上教育的有 1137 人，占比 3.26%；接受过本科及以上教育的有 671 人，占比 1.93%。

同期全国水平为 2010 年全国 6 岁及以上人口有 1242546122 人，接受过初中及以上教育的有 823197984 人，占全国 6 岁及以上人口的 66.25%；接受过高中及以上教育的有 305021762 人，占比 24.55%；接受过大专及以上教育的 118374897 人，占比 9.53%；接受过本科及以上教育的有 49764378 人，占比 4.01%。

2010 年全国与阿昌族受教育情况对比

2010 年	6 岁及以上人口	接受初中及以上教育占比	接受高中及以上教育占比	接受大专及以上教育占比	接受本科及以上教育占比
全国	1242546122	66.25%	24.55%	9.53%	4.01%
阿昌族	34844	41.98%	11.76%	3.26%	1.93%

根据《2020 年人口普查年鉴》公布的第七次全国人口普查数据[1]，2020 年阿昌族 3 岁以上人口有 41457 人，接受过初中及以上教育的有 20581 人，占比 49.64%；接受过高中及以上教育的有 7861 人，占比 18.96%；接受过大专及以上教育的有 4075 人，占比 9.83%；接受过本科及以上教育的有 2028 人，占比 4.89%。

同期全国水平为 2020 年全国 3 岁以上人口 1368140098 人，接受过初中及以上教育的有 916729583 人，占比 66.99%；接受过高中及以上教育的有 429434573 人，占比为 31.39%；接受过大专及以上教育的有 217224651 人，占比 15.88%；接受过本科及以上教育的有 104921649 人，占比 7.67%。

2020 年全国与阿昌族受教育情况对比

2020 年	3 岁及以上人口	接受初中及以上教育占比	接受高中及以上教育占比	接受大专及以上教育占比	接受本科及以上教育占比
全国	1368140098	66.99%	31.39%	15.88%	7.67%
阿昌族	41457	49.64%	18.96%	9.83%	4.89%

通过直观的数据对比，不难看出这短短的 10 年间，在党的坚强领导下，阿昌族同胞的受教育程度有了较大提高，与全国水平进一步靠拢。教育脱贫攻坚力

---

① 数据来源：国家统计局第七次人口普查汇总数据。

度之巨大、影响之深远，前所未有。教育脱贫攻坚的成功实践，充分彰显了社会主义制度的显著优越性。

从"输血"变"造血"

对口帮扶，既要资金帮扶更要产业帮扶。在帮扶过程中，"提升造血功能"是省烟草专卖局（公司）最看重的内容。

在户早村，不少村民已尝到发展烤烟产业的甜头。从 2011 年种植烤烟开始，许多村民因此盖上了新房，种植烤烟被亲切地称为"烟新房"。"烤烟多种点，生活才能好一点"这种想法已经成为当地村民的共识。在云南省烟草专卖局（公司）帮扶支持下，为改善生活，村民们尽量争取多种。村民康小德就准备种 15 亩，争取两年内把建新房的贷款还上。

在关璋村，刚从外地打工回来的梁冬苹在参加完烤烟种植培训后，更加坚定了回乡发展的决心。在培训中她能切实感受到现在种烤烟要比外出打工划算，既有培训，又有技术人员手把手教，种上十来亩，仅烤烟一项就能抵过去一家人的收入。比起外出找活计，还能照顾家里。

据驻曩宋乡的帮扶队员楚建荣介绍，关璋村烤烟扶持产业原计划种植 500 亩，没想到村民积极性特别高，共上报了 1100 多亩，最后根据实际情况调整增加到800 亩。

为提升烟农种烟信心，帮扶队在 3 个阿昌族乡召开种植培训会 180 场次，参会干部群众 4743 人次，并在每个村设立了种植示范样板田给予农户种植示范，确保农户种植成功。在整个产业帮扶工作中，云南省烟草专卖局（公司）发挥烟草产业优势，先期启动烟草产业帮扶项目，实施阿昌族职业烟农培育计划，着力提升阿昌族群众职业技能。2016 年，3 个阿昌族乡规划烤烟种植面积 3.16 万亩，计划收购 9.17 万担。较上年增加种植 1.03 万亩，增加收购量 3.0 万担，增幅为49%。到明年（2017 年）将达到收购烟叶 11.17 万担，可实现烟农总收入 1.53 亿元。

扶贫难在扶志。为帮助群众克服"等靠要"思想，激发脱贫致富的积极性和主动性，帮扶工作队下了不少工夫。按照"缺什么补什么，需要什么培训什么"的原则，工作队广泛开展感恩教育，开展法律法规、务工知识、持家理屋、子女教育、文明礼仪、环境保护等培训。培训内容实用接地气，群众都坐得住、喜欢

深山走出脱贫路 云南人口较少民族脱贫发展之路

学、用得上。帮扶工作队这种用心用情的帮扶也换取了阿昌族同胞的信任与理解，工作进行得越来越顺利，扶贫成效逐渐显露。

2015 年，对于德宏州阿昌族群众来说，注定是难忘的一年，从云南省烟草专卖局（公司）帮扶队走村串巷入户调查、宣讲政策、结对帮扶开始，到盖学校、修公路、修水渠、建新居。一件件暖心的惠民实事、一点点喜人改变，好似一夜春风来，"幸福阿昌"的号角便吹响大地，一幅和谐奋进奔小康的阿昌族画卷正徐徐展开。

阿昌刀舞颂幸福

深山走出脱贫路

云南人口较少民族脱贫发展之路

好日子是干出来的

　　"民亦劳止，汔可小康；惠此中国，以绥四方。"①萦绕千年的小康梦终于在我们手中实现，无数人以奋斗的姿态在中国的历史上写下荣光。奇迹不是等来盼来的，而是中国人民一步一步拼出来的，一点一点干出来的。全国各族人民以愚公移山的精神，以挖山不止的决心，彻底挖掉了绝对贫困的大山。2012 年至 2020 年，全国累计有 300 多万名驻村干部、第一书记和数百万名基层工作者奋战在没有硝烟的战场。六盘山区、秦巴山区、武陵山区、乌蒙山区、大别山区……穷乡僻壤留下他们坚实的足迹，田间地头洒下他们滚烫的汗水，炕头板凳记录下脱贫的过程。脱贫难，但再难也不能让群众继续忍受贫困的难。为新上项目让更多人走进工厂，只能一次次调研、一次次谈判；为一扫"出不来进不去"的困境新修道路桥梁筹措资金，东奔西跑、四处求援；为了让群众相信经济苗木和规模化养殖，宁愿自己投钱、忍受误解。没有一种奋斗比为祖国和人民而奋斗更有意义，没有一种付出比让群众彻底摆脱贫困更有价值。

　　为了坚决打赢脱贫攻坚战，很多扶贫干部不能陪伴家人，也没有闲暇时光，有的一两年就头发花白，最令人动容的是，有 1800 余人牺牲在脱贫攻坚一线。说自己"不够勇敢"的黄文秀，牺牲在因担心村民受灾而冒雨回村的路上；信奉"人的一生总要做几件有意义的事"的张华因劳累过度牺牲在扶贫岗位上；发完最后一条推销土鸡的朋友圈后，90 后夫妻吴应谱和怀有身孕的樊贞子，双双牺牲在洽谈扶贫工作的路上。具体到云南，全省有 170 多名党员、干部牺牲在脱贫攻坚战场上，他们用自己的生命诠释了对党和人民事业的忠诚担当，锻造了红土高原上的精神丰碑。他们是与贫困作斗争最勇敢的战士，是摆脱贫困的群众心中最可爱的人。

153

---

① 刘毓庆、李蹊：《诗经·大雅·民劳》，中华书局，2011，第 731 页。

在阿昌族脱贫攻坚战斗中，同样涌现出无数俯身为民、兢兢业业、积极向上的优秀人物，他们充分发挥主观能动性，心系阿昌，在平凡的岗位上干出了一番不平凡的成绩。

人穷志不短，脱贫自当先

强国必先强农，农强方能国强。农民是乡村的主人，是决定乡村前途命运的重要力量，也是脱贫攻坚、乡村振兴的主体，饱含对美好生活向往，充满巨大创造力。决战脱贫攻坚、决胜全面小康，等不来也送不来，要靠广大农民奋斗。幸福生活离不开有效引导与科学规划，但并不意味着能包办代替。党和政府的引导，主要是帮农民找准路子，和农民一起想法子，出台切实可行的扶贫政策，营造更好的扶贫开发环境。尊重农民意愿，突出农民主体地位，强化农民角色意识、自主意识，激发广大农民积极性、主动性、创造性，才能写下致富的"神来之笔"，形成决战决胜的磅礴之力。阿昌族同胞在决胜脱贫攻坚的征程上，也涌现出了自立自强的优秀农民，他们充分发扬"艰苦奋斗，百折不挠"的革命精神，书写出一个又一个震撼山乡的"惊叹号"。

现年48岁的石春牙，是龙山镇芒麦村大田坡组一名朴实的阿昌族农民，和祖祖辈辈生活在那里的阿昌兄弟一样，一直以来都过着日出而作、日落而息的生活。然而"天有不测风云，人有旦夕祸福"，在2000年的时候，石春牙的妻子不幸患上了癫痫，并经常犯病，给原本生活幸福的家庭带来了沉重的压力。[①]到了2003年，由于长期的辛勤劳作，石春牙左右股骨部分坏死，丧失了部分劳动能力，这一切使并不富裕的家庭雪上加霜。夫妻俩为了能让80多岁的父母可以安享晚年，儿子能够安心求学，一边治病、一边面朝黄土背朝天地精耕细作。但是，一个普普通通的农民家庭，仅仅依靠微薄的种地收入和农闲时节的打零工，还是难以维持困难的生计。窘迫的生活、带病的身躯，一度让石春牙对生活失去了信心。

2012年党的十八大胜利召开，脱贫攻坚的号角吹响，阿昌山乡春雷阵阵，石春牙一家于2013年被列为建档立卡贫困户，开始享受医疗救助和低保救助，

---

① 《人穷岂能志短，脱贫自力更生》，保山资讯，2020年3月27日。

党的惠民政策给贫困家庭带来了曙光，要强的石春牙也看到了脱贫的希望。

不等不靠，幸福靠发展产业创造。被列为贫困户后，石春牙深刻意识到，"等靠要"得来的脱贫不是长久之计，唯有靠自己勤劳的双手才能真正致富。他开始主动要求参加技术培训，在茶园中耕管理培训中，石春牙把学到的技术运用到实际生产中，当年承包的 2 亩茶叶就收获颇丰。为了脱掉头上"贫困户"的帽子，冲破"等靠要"的思想，在石春牙一家人的共同努力下，石春牙于 2014 年加入龙川江烤烟专业合作社，开始种植烤烟 3 亩，由于地理条件、种植技术和劳力不足，当年烤烟亩产仅为 2850 元，总收入为 8670 元。细细算账，他发现他的家庭，支出远远大于收入。但是饱受挫折的石春牙早就坚定了决心，他不但没有气馁，反而在总结经验教训的基础上，2015 年他又申请新植坚果 6 亩，烤烟 3 亩，并在技术员的指导下改进种植技术，当年年底烤烟收入亩产达到了 4000 元，总收入为 12000 元，加上本年养殖肥猪 7 头，年底家庭纯收入增长可观。2016 年 7 月，在村"两委"引荐帮助下，石春牙开始尝试种植四季豆、无筋豆各 4 亩，由于从没有接触过四季豆和无筋豆的种植技术，豆包出现畸形太多，眼看着煮熟的鸭子要飞，石春牙及时向技术员寻求帮助，在技术员的指导下当天就购买农药给豆苗喷施治疗，功夫不负有心人，经过辛勤的努力和付出，9 月底得到了丰厚的回报。当年仅种植无筋豆、四季豆就给家庭纯收入增收了 1.6 万余元。

永不服输，付出终将得到回报。当然作为一个普通人，曾经的困难生活也让石春牙悲观过，也曾想过不如就这样拿着国家低保度日算了。但是党的好政策让石春牙重燃了生活的希望，也希望带动乡亲们一起奔小康，尤其是在看到村组干部、帮扶干部多次申寨入户开展"自强、诚信、感恩"活动宣传后，石春牙深刻地认识到，脱贫并不是一个人的事也不是一时的事，而是大家的事。为了提高经济收入，石春牙四处打探，了解到潞江坝地区冬季蔬菜种植效益较好，销路不错，于是当起"第一个吃螃蟹的人"。2017 年，他在村里率先连片种植蔬菜，当年便实现了 20000 余元的收入，村民看到效益后也纷纷向他取经询问种植经验，他总是积极主动给村民讲解种植技术。目前，该小组共有 12 户种植冬季蔬菜 50 余亩，每年可实现收入 50 万元。石春牙还主动向小组建言献策，建议结合芒旦的气候，发展壮大澳洲坚果、核桃、草果等经济生态兼容的长效产业，确保贫困群众能从生态产业中长期受益。2018 年，在县林业部门提供种苗的支持下，石春牙在自家的荒山荒地种植了澳洲坚果 7 亩。2019 年，他看到西番莲市场销路不错，又在自家土地上种植了 2 亩西番莲，他坚信在自己的精心管理下一定会硕

155

果累累。石春牙脱贫致富的信心一天比一天足，他毫不保留地将种植管护技术、经验教给村里的村民，在他的带动下，村里大多群众跟着他发展起了生态种植产业，石春牙一家也于2019年实现脱贫摘帽。

知恩感恩，脱贫不忘回报社会。作为一名自力更生、大胆尝试的农村"带头人"，石春牙不仅在产业上敢闯敢试带领群众发展，同时还担任小组义务环境"监督员"，为建设美丽家乡而积极奔走。石春牙不仅在自力更生脱贫上让群众竖大拇指，他一再向村里其他建档立卡贫困户提倡"贫困户一定要自强自立自信"，当起了脱贫攻坚政策义务"宣传员"，在家庭美德上，他是好儿子、好丈夫、好父亲，他始终几十年如一日地细心照顾年迈的父母；在夫妻关系上，20余年来，对妻子不离不弃，精心照顾；在教育子女上，他经常鼓励儿子一定要认真学习努力走出大山，学成本领，将来回到家乡带动父老乡亲谋求发展。功夫不负有心人，他的儿子石正超于2018年通过职业教育东西部协作行动计划，考入上海职业技术学校。俗话说"积善人家必有余庆"，通过辛勤努力，石春牙一家经济收入有了明显增加，全家光荣脱贫，成为阿昌山乡的脱贫致富标兵。

阿昌乡里来了杨队长

驻村帮扶是做好乡村振兴工作的重要保障。党员干部和群众同吃、同住、同劳动，与群众打成一片，是党的群众工作的优良传统。向农村派出工作队是我党的长期做法，被认为能够及时处理农村地区的紧迫问题，有助于落实党的方针政策，助推农村经济和社会的协调稳定发展。在推动乡村振兴工作中，继续实行驻村工作队（组）制度，是继承和发扬这一优良传统的重要举措。

脱贫攻坚开展以来，驻村工作队兢兢业业，将心思埋进泥土里、踏实苦干重塑了乡村治理格局；链接了帮扶资源；推动了项目资金落地落实；密切了城乡、干群关系；对于精准扶贫工作的推动以及最终打赢脱贫攻坚战发挥了不可或缺的作用。

1000多个日日夜夜、300多个帮扶项目实施、5亿多元资金投入、4万多名群众受益、阿昌族聚居区人均收入超过1万元、贫困村贫困发生率全部降至3%以内……一连串数字的背后，是阿昌山乡翻天覆地的变化。

这1000多个日日夜夜，是云南省烟草专卖局（公司）落实习近平总书记考

察云南重要讲话精神和落实省委、省政府决策部署，对口德宏傣族景颇族自治州梁河县阿昌族整族帮扶的阶段性成效，是公司上下践行"党恩照亮光明路，烟草架起幸福桥"的真实写照。

实施人口较少民族整族帮扶工程，是云南省举全省之力打赢脱贫攻坚战的重大举措。云南省烟草专卖局（公司）高度重视这一重大政治任务，不仅从资金上全力保障，还从全省烟草系统层层选拔抽调 11 名优秀干部派驻德宏。杨龙祥先是挂任梁河县人民政府副县长，3 个月后挂任县委副书记、任县驻村扶贫工作队总队长。他就是这座阿昌同胞迎接新的美好生活"幸福桥"上最稳固的"桥墩"，践行着"决不让一个少数民族，一个地区掉队"的庄严承诺，以为民服务的情怀为阿昌族群众书写了一份满意的扶贫答卷。①

自扶贫工作开展以来，杨龙祥带领工作队员们，充分发扬"钉钉子"的精神，只要安排驻扎在扶贫一线，就绝不放松，每年驻扎时间超过 300 天。从制定规划伊始的九易其稿，到投入逾 5 亿元资金、300 多个帮扶项目的实施完成，他访遍百家门，政策一口清。通过"五子登科"——强底子、盖房子、找票子、富脑子、结对子，为阿昌群众盖好活动室、饮上安全水、住上安居房、修建"幸福路"，让党的扶贫政策落地生根、枝繁叶茂。

"杨龙祥副书记的扶贫观念不是给单家独户的贫困户送米送肉，而是从整村发展带动全体村民致富的长远利益考虑。"九保村村民理事会会长夏新鼎说。紧紧抓住产业发展这个"牛鼻子"，采取"1+N"（以烤烟产业为基础，特色种植养殖多种产业齐头并进）的扶贫方式，变被动的"等靠要"为主动的"我要干"。坚持扶贫与扶智相结合，实施对阿昌族 5000 元 / 人 / 年在校大学生"发补助"，努力促成 300 万元的阿昌族贫困学生助学基金会，有效解决了贫困阿昌族学生上学难的问题。杨龙祥带领工作队在短短 3 年让阿昌族聚居地区得以从贫穷落后向着幸福阿昌目标迈进。

梁河县的阿昌族整乡推进整族帮扶工作，有干部群众的鼓励和肯定，也遇到了前所未有的压力和阻力。由于项目实施范围广、涉及群众多、时间紧任务重，势必要求干部群众全力进入高强度和高负荷运行状态，这种压力让一些干部也吃不消。

---

① 《杨龙祥：三年工作队　一生阿昌情》，云南网，2020 年 1 月 19 日。

有一次，在由杨龙祥主持的阿昌族帮扶项目推进会上，一位扶贫部门的负责人因为工作滞后被问及原因，这名干部一时情绪激动而大发牢骚："我早就不想干了，这近一年的时间是我工作30年来最苦最累的时期……"诚然，那个特殊的时间段里，这确实是蔓延在当地多数扶贫干部中的情绪。

面对这样的情况，杨龙祥坦诚地与大家谈心，不放空话、大话，就突出一个脚踏实地。他说："我知道大家工作压力大，可以理解，但我们要迎难而上，干部首先树立坚定的信念，才能为群众加油鼓劲。如果我们没有把党的扶贫政策执行落实到位，阿昌同胞错过了这次脱贫致富的机遇，我们就是历史的罪人。"

为了加快帮扶项目推进，杨龙祥与相关部门时常不分昼夜、风雨无阻地工作，在关键时期甚至吃住在村，督导项目推进。关璋新村是阿昌族帮扶单体投入最大的一个项目，且施工单位多。为了保证群众如期入住，从2016年8月开始，杨龙祥坚持连续5个月每周一次组织现场工作例会，及时协调解决项目推进中出现的问题，确保了项目按期完工。

为确保帮扶资金规范运行、科学使用，在项目启动之初就建立了《资金监督管理办法》《项目实施管理办法》等6个配套制度，但严格按制度管理导致个别干部发怨言："烟草资金太难用了。"杨龙祥认为，严格按制度管理是保护大家。"现在你觉得烦琐，以后你就一身轻松，执行好相关制度，是为了让项目安全，资金安全，更是为了干部的安全。我不能让项目起来了，干部倒下了。"

杨龙祥用企业精益管理理念，按照"三统一""五同步"进行项目管理。"三统一"即统一思想、统一认识、统一标准，"五同步"即现场资料与工程进度同步、收方工作与工程进度同步、资料整理与工程进度同步、质量监督报告与工程进度同步、试压资料与工程进度同步。特别是加大项目公示力度和全程跟踪审计制度，对300多个帮扶项目聘请了两家审计中介机构全程跟踪审计，群众利益和帮扶资金安全得到了保证。

干部在地方挂职工作，除了做好扶贫相关工作，当地党委、政府一般还会安排其他工作，杨龙祥总是欣然接受、从不推诿。河（湖）长制工作是党中央、国务院为加强生态文明建设作出的战略部署。杨龙祥作为挂职干部，也按照县委的安排担任了梁河县第四大河曩滚河的河长。

曩滚河及其相连的南底河此前最突出的问题就是非法采砂行径屡禁不止，为解决这一长期困扰地方的难题、加快推进梁河河（湖）长制工作，杨龙祥多次调研后，同相关部门研究制定了周密的整治方案。报请县委、县政府同意后，

决定开展一次集中打击河道非法采砂的行动。

2017 年 12 月 11 日，来自全县 21 个部门和乡镇的 206 人组成综合执法队，由杨龙祥担任现场总指挥，对南底河、囊滚河内的 4 家非法采砂点进行了强制拆除。通过集中打击河道非法采砂行为对其他心怀鬼胎的不法之徒进行了强有力的震慑，为保护河道生态、规范全县河道采砂秩序起到了很好的作用。同事们都说："你来梁河不只是挂职了，更像是任职，敢于担当的精神是部分地方任职干部都无法比拟的。"

杨龙祥对阿昌群众的帮扶还在于用心用情对待每一位群众。贫困户闫文兴独身，父母两年前去世，本人属无房户，但其大哥不同意在其宅基地上盖房。驻村工作队先后做了 6 次工作都没有结果。杨龙祥知道后，找到了正在田间干活的大哥，同大哥拉起了家常，一聊就是两个多小时。

"你是文兴唯一的亲人，是他唯一的依靠，国家有这么好的政策可以帮助他，你肯定也希望他过得好的。他使用一点宅基地，可以解决一辈子的住房问题，也解决你的后顾之忧，你愿意看到他天天住在危房里，你愿意看到他穷困潦倒？"杨龙祥说。这样的坦诚谈心，杨龙祥和闫文兴的大哥进行了不知多少次，杨龙祥的诚心、耐心最终打动了大哥，他终于与弟弟达成和解，共同建起了新房，种上了烤烟，一起走上了脱贫致富之路。

梁昌吉是阿昌族青年大学生回乡创业的代表，更是梁河县阿昌族电商致富带头人之一。创业初期，他拥有的仅仅是青年人敢闯敢干和带领乡亲们共同富裕的热血衷肠。驻村工作队了解情况后，主动帮助其协调项目、免费提供场地、争取外出培训、帮助设计提升产品形象……2018 年春节期间，某单位要向梁昌吉采购一批皂角米作为职工节日慰问品，由于只能先出货后交款，这令创业初期没有充足流动资金的梁昌吉一时没了主意。杨龙祥得知情况后，第一时间借出了15000 元钱，让梁昌吉得以解燃眉之急。

三年工作队，一生阿昌情。杨龙祥驻村扶贫的三年是不平凡的三年，是将自己的事业融入党和国家伟大事业的三年。他兢兢业业、任劳任怨，以真心换真心，用汗水浇灌出阿昌山村的美好明天。加快了梁河阿昌族同胞的整族脱贫步伐，不负自己，有功时代。

记着他们的小事，才是为他们办大事

乡镇干部是党在农村基层的执政骨干、联系群众的桥梁和纽带。他们生活在农村，工作在农村，奋斗在农村，奉献在农村，是行政队伍中的一支生力军，为民造福，作出了重要贡献。脱贫攻坚的主阵地就是广大的欠发达农村地区，乡镇干部就是这场战役最基层的指战员，广大的乡镇干部充分发挥忘我精神，舍小家为大家，在这场战斗中谱写了一曲曲动人的乐章。

回忆起 2015 年年底自己刚刚到九保乡工作时的场景，梁昌才记忆犹新。那时候，很多阿昌族村寨的道路泥泞不堪，晴通雨阻。基础设施比较落后，房屋呈现出一片矮老黑的景象，很多村寨的收入几乎在贫困线以下。①

2015 年，梁昌才到梁河县九保阿昌族乡担任乡长一职，刚到九保乡，梁昌才就带领着乡干部们用了 3 个月的时间跑遍全乡，进村入户，和村干部、社干部开座谈会，全面了解乡情。梁昌才坚信只有深入基层才能深入了解九保乡各村寨、各民族的生活环境、产业结构等，才能更好地开展扶贫工作。

自开展脱贫攻坚工作以来，梁昌才带着思索、投入真情，带领全乡各族人民脱贫致富，决胜全面小康。"记着他们的小事，才是为他们办大事。"这算是梁昌才的座右铭了。在工作中，梁昌才总是将自己融入群众中去，坚持以群众的立场看问题，想群众之所想，急群众之所急，把贫困村民的每一件小事记在心上，落到实处。安乐村是九保乡的深度贫困村，多年来道路坑洼，运输基本靠人背马驮，只有先解决道路问题才能更好地解决贫困。因此，在落实安乐村的入村道路项目实施过程时，他反复与施工方和村民沟通，合理规划路线。为尽快审批落地，他协调有关部门配合工作，直到最终落地实施完工。安乐村入村硬化道路的建成通车，意味着九保乡自然村百分百实现通硬化公路。

九保阿昌族乡是全国仅有的 3 个阿昌族乡之一，这里山多坝少，群众无增收产业，脱贫难度大。为了让阿昌族群众的钱袋子鼓起来，梁昌才带领全乡在产业链上做加法，让村有当家产业、户有增收门路、人有一技之长，做活了稳定增

---

① 《"幸福阿昌"的目标变成了现实》，《春城晚报》2021 年 2 月 25 日。

收大文章。

这几年来，梁昌才带领同事因地制宜，紧抓九保乡的茶叶产业发展。通过高优立体茶园改造、新植修剪等扶贫措施，目前茶叶的单产收入每年在 3000 元左右。在茶园扶贫改造之前，市场价格好的时候村民就去管理，价格不好的时候就放任不管，导致茶园靠天吃饭，产量不可控，这也使茶叶的亩产收入只能达到 1000 元左右，通过扶贫措施，茶叶的单产量提高了，村民的收入也增加了，同时也带动了富余劳动力的就业，增加了当地村民的收入。

烤烟种植也是九保乡的特色产业之一。梁昌才介绍，自开展脱贫攻坚工作以来，九保乡抓住时机扩大烤烟产业，全乡种植的烤烟面积从 2600 亩增加到了 6100 亩，通过改良品种、加强管理等措施，提高了烟叶的产量，基本达到了一亩烤烟的收入，可以脱贫一个人。烟叶种植面积扩大后，当地富余劳动力到农户家中务工，通过栽烟、采烟等实现就近务工，让那些难以外出务工的劳动力有了一份收入。

不仅如此，九保乡还引进了万头猪场，构建了"龙头企业 + 专合组织 + 致富能人 + 贫困群众"产业发展机制，提升贫困群众在产业发展过程中抵御市场风险的能力。梁昌才介绍，从投产到现在，万头猪场的收益达到了上百万元，有效地增加了村民的收入。

此外，梁昌才还借助九保特色美食街的优势，动员村民们开办小作坊，帮助有手艺、有兴趣的贫困户进行九保特色产品加工，让他们凭技艺赚钱。

2021 年 2 月 25 日上午，全国脱贫攻坚总结表彰大会在北京人民大会堂隆重举行。中共中央总书记、国家主席、中央军委主席习近平向全国脱贫攻坚楷模荣誉称号获得者颁奖并发表重要讲话。梁昌才作为全国脱贫攻坚先进个人在会场接受了表彰。在他看来，自己只是全国千千万万扶贫干部中的普通一员，为贫困地区和群众做着最基础、最平凡的事，能够获得这份荣誉，既是肯定也是鞭策。梁昌才深切感受到党和国家的好政策让阿昌族群众生活前进了几十年，能够为群众做好服务、帮助家乡发展、维护边疆团结稳定是我们基层干部义不容辞的责任。

在以梁昌才为首的优秀党员的带领下，九保乡党旗飘起来、干群动起来、产业强起来、环境好起来、人民富起来，成为当前九保乡脱贫攻坚成果的真实写照，2020 年全乡贫困发生率降至 0%，2120 名贫困人口告别贫困，奔向幸福新生活。

 攻坚克难豪杰志，誓把他乡作故乡

精准扶贫咋落实？驻村第一书记是重要支点，压下去的是扶贫政策，升起来的是致富希望。作为个人，驻村第一书记在家庭里扮演的角色可能是父亲或母亲、妻子或丈夫、儿子或女儿，他们这头扛起脱贫攻坚的重担，那头藏着对家人的亏欠。他们把他乡当故乡，把村民当亲人，把村里的事当成自家的事，奉献自己，照亮别人。

35 岁的楚建荣就是这么一位驻村第一书记。[①] 2015 年 7 月 28 日，楚建荣来关璋村报到。云南德宏州梁河县曩宋阿昌族乡关璋村，海拔 1300 米，92% 是阿昌族群众，是一个典型的高山阿昌族村庄。

驻村前，楚建荣是云南省烟草专卖局（公司）直属企业云南香料烟有限责任公司生产管理中心副主任。2015 年 7 月，云南省烟草专卖局（公司）启动阿昌族整族帮扶项目，选派年富力强、有基层工作经验、能吃苦耐劳的科级干部到曩宋阿昌族乡挂职乡党委副书记，并担任驻关璋村第一书记兼扶贫工作队队长。单位人事科询问了楚建荣的意见，他同意了。

阿昌族是全国人口较少民族之一。决不让一个兄弟民族掉队！决不让一个民族聚居地区落伍！抱着这个信念，楚建荣满怀豪情壮志地来了。但是刚到村里，眼前的一幕让他震惊了：村里荒凉，房子破旧，产业薄弱，总共 400 多户人，建档立卡户就有 120 户。形势是严峻的，任务是艰巨的。楚建荣深知，在云南，不谋民族工作就不足以谋全局。即使面对再大挑战和困难，他也打算好好干出一番事业。

没想到刚刚扬帆起航之际，村民们就直接给了他个"下马威"。事情是这样的，楚建荣刚驻村没几天，村民梁明镜喝多了跑到村委会，找到楚建荣，说驻村都是形式，借着酒劲破口大骂。楚建荣起初没争，耐心解释。可梁明镜却越说越激动、

---

① 《他乡是故乡》，中国日报网，2019 年 11 月 18 日。

越说越离谱，还要拿凳子砸他。楚建荣气不过，"我爹妈都没这么骂过我，你凭什么这么骂我！"他准备反驳，被赶来的村民们劝开了。

楚建荣转念一想，只有认真做事，做出成绩，村民才会服你。此后，路上见了梁明镜，楚建荣完全像个没事人一样，客客气气地向他打招呼。见楚建荣没生气，梁明镜反倒有些不自在了。

打开了工作局面，下一步就该是具体的帮扶工作了。

关璋村里要帮扶的项目很多，最关键的是什么？水。确实，关璋村缺水远近闻名，因此又名"干璋村"。有多缺？每年11月到来年5月，村里的蓄水池没水，只能去地势低的地方挑。去还得赶早，天不亮就得出发，去晚了水就没了，只能再从别处找。因为缺水，又没灌溉条件，村里都是"雷响田"，雨季来了才能犁地、撒种，若在播种季节久旱不雨，就得丢荒。

刚上任没几天，楚建荣和扶贫队员们连续两天在山里找水源，天黑才回来。功夫不负有心人，水源找到了，不然第三天还得继续找。水源是找到了，可是将水引入的后期工程并不顺畅。输水管道铺好时，要在几户村民田里建水池。村民不乐意了，鼓着要补偿款，可没这项预算。楚建荣和队员们反复到村民家做工作，又向上申请协调，两边来回跑，嘴皮子磨破了，才把工作做通。

在楚建荣和工作队的努力下，2016年年初，仅用时4个月，16千米的输水管道及配套设施全部竣工，村里的人畜用水问题解决了。为长远考虑，云南省烟草专卖局（公司）又出资向外引入了另一个水源，村民的农田灌溉问题也解决了。

解决水的同时，云南省烟草专卖局（公司）决定把关璋村按示范村打造，以统规联建的方式建个新村，最终形成民族特色浓郁的阿昌族村寨，为以后发展旅游做准备。

这是好事。可逐户走访后楚建荣犯难了，即便每户补助10万元，村民们仍不愿搬。为啥？一是故土难离，安土重迁。二是当时输水管道还没铺好，村民担心没水。没辙，楚建荣只好动员党员干部带头报名，可村民们的积极性依然不高。当水的问题解决后，又有新问题：大伙争抢着报名，只能安置59户的新村，一下子报了150多户。

面对"幸福的烦恼"，楚建荣召集党员干部开会，决定优先把有需求的建档立卡户、住在滑坡点的村民、村里的致富带头人安置进去。会开完，大伙分头做工作，可有人不愿退出。最后实在没法子了，楚建荣只得动员报了名的党员干部先退。

村党总支书记曹先刚第一个退出。村委会主任梁桃荣的父亲本来也报了名，在儿子动员下，也退出了。村干部都退了，不符合条件的村民没再说啥，纷纷退出了。就这样，59户安置户的甄选工作终于结束。经历过这事，楚建荣那是"掉了好几层皮"啊。

要想致富，得产业带动。云南省烟草专卖局（公司）的思路是创新工作方法，采取以烟叶种植产业为基础，多种产业齐头并进的"1+N"扶贫方式，助力阿昌族群众脱贫致富。

政策落实到关璋村，2016年1月，在烟叶种植计划持续压减的情况下，云南省烟草专卖局（公司）计划在村里种植烤烟800亩，旨在让烟叶产业成为阿昌族群众的主要增收产业。

村里人没种过烤烟，心里没底，楚建荣几次三番做工作，村民们心动了，开始尝试种植烟叶。种烤烟是项精细活，楚建荣和扶贫队员们把村民集中起来培训，在田间手把手、面对面教授技术要领。

滇皂荚入药有祛痰、利尿之效，关璋村有种植滇皂荚的传统。云南省烟草专卖局（公司）调研之后发现这是个致富产业，就由公司免费给村民提供2亩的苗木，试种滇皂荚。由于未经过科学培训，村民开始栽种苗木时很没有章法，漫山遍野总是这里栽一棵那里种一棵，楚建荣和扶贫队员们上山下坝跑核实，5个人走了一个星期才把数目核对清楚。后来经过工作队请专家对乡亲们进行了科学的苗木种植培训，滇皂荚的种植、养护严格按照科学的方法来执行。经此之后，滇皂荚的产量和质量都有了很大提升。

辛苦没白费，关璋村的贫困发生率由2013年的27.47%降至2018年的2.09%，全面完成了脱贫任务。随着产业结构的成熟优化，未来这个数字还会下降。

2018年6月，三年帮扶工作结束了。单位缺人，领导、同事问他能不能尽快回去；家里老二刚出生几个月，也需要他回去照顾，可村里部分项目还没验收，如果重新安排人，熟悉工作还需要时间，这又会给乡亲们带来不便。最后，楚建荣选择继续留下，完成未完的事业，虽然他也很想回家。

楚建荣家住保山市隆阳区，驾车到关璋村得两个半小时。起初，他周末还是可以回去看看家人的，特别是3岁的女儿很黏他，要他陪着一起玩。可随着扶贫进入正轨，村里事情越来越多，加班也越来越频繁，一周回去一次已不现实，慢慢变成两周一次，一月一次，甚至跨度更长。因此，扶贫的几年时间，楚建荣最对不起的就是家人。

女儿还小，每次分别的时候都舍不得回家只能匆匆看一眼的父亲，这让楚建荣心里也很不好受。有一次女儿见他要走，难过得用头撞车窗玻璃，那一刻楚建荣真不想去了。可不行啊！

家里第二个孩子 2017 年年底出生，出生前一天楚建荣才赶回去。当时正是年底，脱贫任务重，楚建荣放心不下，妻子刚出院他又赶回村里。家人在他背后默默承受了一切。

2019 年 7 月 28 日，在关璋村驻村整整 4 年，楚建荣终于回家了。问他什么感受，"很矛盾，既高兴又舍不得。"他说。离开的那天下午，村党总支书记曹先刚想请楚建荣吃顿饭，他婉拒了，是啊，已经一起吃了那么多年，更不在乎这一顿了。

几个月过去，楚建荣重新习惯了原来的工作，可对家人的亏欠没那么容易弥补。大女儿已 7 岁，第二个孩子也近 2 岁，正常下班的日子，他会辅导女儿作业，然后陪两个孩子玩一会儿。

没事时同事们会问楚建荣驻村四年过得咋样，他大多几句话带过，只有一个人时，思绪才会回到驻村那四年。

4 年驻村帮扶，楚建荣叫得上每个村民的名字，吃饭、打招呼等生活中常用的简单的阿昌话，他也能说一些。有一段时间实在干不动了，他甚至想走路故意摔一跤，这样就能休息一段时间。当然这也只是想想。

4 年驻村帮扶，楚建荣也获得过不少荣誉：2017 年，他被评为云南省优秀驻村扶贫工作队员；2019 年，他获得"云南青年五四奖章"荣誉。

楚建荣说自己不太看重这些，帮扶结束后他又回了两次村里，"来了！"再次入户，村民总会说。楚建荣在关璋干了 4 年，乡亲们已然将他当作了自己人。

 自信催人强，妇女能顶半边天

165

脱贫攻坚是全民族、全社会的事业。东西南北，都有反击贫困的责任。在我国封建社会，由于各种封建礼教观念的影响，女性的社会地位及家庭地位很低，基本上扮演着男性的附庸角色。中华人民共和国成立后，妇女地位有了翻天覆地的变化，"妇女能顶半边天"口号的提出更使妇女地位得到了空前提高。这极大地激发了我国妇女投身社会主义现代化建设的豪情壮志，以"巾帼不让须眉"

的精神，在各条战线上，取得了不凡的成绩。如今的脱贫攻坚战中，也活跃着她们矫健的身姿。

家住腾冲市新华乡梅子坪村的阿昌族妇女赵家翠，一路走来，可谓是尝尽了人间的苦楚。在她9岁时父亲病逝，15岁时因贫困辍学，婚后丈夫意外致残……人生颇多坎坷。然而勤劳勇敢的她不屈服于命运，她采茶、种地、织布做衣、养猪养鸡，后来又增加了自酿阿昌小锅酒，形成"酿酒 / 织锦 + 采茶 / 种地 + 赶集"模式，自立自强，撑起了一个家庭。①

脱贫攻坚战中，赵家翠以少数民族党员角色，以文化活动展演宣传危房改造、易地扶贫搬迁、厕所革命等相关政策。她用3万多元采买了阿昌织锦所需的材料，动员村寨里留守、无业妇女从思想上转变过来，并免费教授阿昌族的织锦技艺，带领姐妹们一起投身乡村振兴，过上更幸福的生活。赵家翠时刻牢记自己是一名少数民族党员的身份，充分发挥了共产党人的先进带头作用。

1963年出生的赵家翠，本是德宏州梁河县九保乡丙盖村人。9岁时父亲病逝，母亲哭得撕心裂肺，几次哭晕过去。兄妹7人无法接受丧父现实，悲痛至极地哭天喊地……看着疼爱他们的父亲被人越抬越远，赵家翠第一次体会到那种永无再见的绝望与透心冰凉的感觉。

父亲去世后，祖母为了母亲考虑，劝贤惠的儿媳妇改嫁开始新的生活。但是母亲实在舍不得这么一大家子人，毅然决然地表示即使自己一个人也要把这几个儿女培养成人。母亲的选择让赵家翠看在眼里，触动在心里。她暗下决心，自己也要活成母亲刚强的样子。

1978年，15岁的赵家翠已经上初三了，母亲靠割草、挑柴卖来的辛苦钱供她上学，她也很争气，学习刻苦，成绩优异。但也正是这一年，母亲左脚患上了风湿病，疼痛不已，下地干活一瘸一拐，看到坚韧的母亲如此吃力地干活的背影，赵家翠心里五味杂陈。

懂事的赵家翠思考了很久，还是将自己的想法告诉了班主任：自己要放弃学业，回家帮助母亲。知道实情的兄弟姐妹们，轮番劝她回校上学，拼凑着给她送来了学费，三个姐姐也相继轮流过来照顾母亲。就这样赵家翠复学了，她更加

166

---

① 周玉林、毕春艳：《阿昌女人的"滚烫"人生 带领更多姐妹一起投身乡村振兴》，《中国妇女报》2021 年 7 月 15 日。

珍惜第二次学习机会，也更加地勤奋。谁知，天不遂人愿，半年后，母亲右脚也患上了风湿病，双脚发病时已无法站立，再也干不了体力活了。赵家翠再也不忍心看母亲受苦，直接放弃了通过读书获得成功的梦想，用稚嫩的肩膀扛起了母女二人的风霜之家。

斗转星移，赵家翠在适婚年龄遇到了自己对的人。结婚之后，夫妻恩爱有加、遇事有商有量，日子幸福甜蜜。结婚三年，两个儿子相继出生，给家里增添了许多欢乐，生活似乎终于对她网开一面。可惜，好景不长，丈夫在抬木料路上突然脚下一滑，为护住沉重木料不掉入悬崖峭壁，他拼尽全身力气咬紧牙。到家放下木料，丈夫脸色如纸一般苍白，整个人像泄了气的皮球倒下了。到医院一查，诊断书上写着：肝出血，需住院，马上手术。

手术后接连 3 天，她不敢合眼，寸步不离地守在丈夫身旁，时不时地把手伸到丈夫鼻孔前，生怕他没了气息，但让她万分惊喜的是：每次都是瞎担心，丈夫还活着！住院期间，她一边遵照医嘱打起十二分的精神，无微不至地照顾着虚弱的丈夫，一边讲笑话、唱情歌安慰、鼓舞丈夫，丈夫也积极配合着，精神面貌一天天好起来。

一年多的休养，丈夫的身体渐渐好转。此时的赵家翠喂养着猪、鸡、鸭，种植了茶叶、蔬菜、水稻、玉米。白天她采茶、种地，晚上一边织布做衣，一边教育孩子或与丈夫长谈，为丈夫加油鼓劲。慢慢地，她成了这个家的主心骨与精神支柱。

1990 年，赵家翠的公公不幸去世，婆婆沉浸在悲伤之中，刚考取初中的姑妹只好辍学归来。看着眼前的姑妹，赵家翠的脑海里不禁想起以前的自己，伤痛之余，心情久久不能平静。她回家与丈夫讲明后，不能让姑妹走自己的老路，所以决定把姑妹接到家里来，供养她完成学业。知道自己还能继续上学，姑妹的眼泪夺眶而出……

生活中，往往是决定好做，行动不易。前几年，赵家翠的两个儿子上小学，姑妹上初中，夫妻俩供应起来虽辛苦一点，但还不成问题。可随着儿子上初中、高中、大学，姑妹上中专，夫妻俩越来越吃力。为了凑足两个儿子与姑妹的学杂费、生活费，以及丈夫的医药费，赵家翠每晚只睡 4 个小时，除此之外的白天、黑夜，她总是不停地在劳作，晚上增加了自酿阿昌小锅酒，形成"酿酒 / 织锦 + 采茶 / 种地 + 赶集"模式，来挣钱养家。可是这般艰辛赚来的钱还是不够家庭开销，思来想去，她走进了农村信用社，前后共借了 8 万元的贷款，解了燃眉之急。

阿昌族织锦（供图：中共德宏州委宣传部）

供学的问题总算顺利解决了，可她却背负了一身债务。为节省开支，一双胶鞋破了补上，补了再穿，烂了再补，直到无从下手，烂到无法穿在脚上才罢休。有时候，她会与丈夫轮流穿同一双鞋去亲戚家吃饭、赶集、开会；另外，她把买油的钱也克扣了一些，每次做两份菜，丈夫那份多放点油，自己那份少放，多数时候不放，因为营养跟不上，她甚至出现了上山下田劳作时晕倒的情况。她的辛劳付出与孩子们发奋读书的劲头，像是越烧越旺的火苗，一次比一次高涨，一次比一次炽热。

勤奋人，天不负，好运终于光顾了这个打不倒的女人。2012 年，木料价格攀升，她和丈夫卖了 10 余亩杉木树，一次还清了所有外债。那一晚，她和丈夫睡得特别香。大学毕业后，大儿子、姑妹都考上了公务员，小儿子也成了一名光荣的人民教师，他们三人如今都已成家，在城里有房有车，拥有幸福美满的家庭。他们以赵家翠作为榜样、骄傲。他们工作上谨慎务实，生活中阳光上进，节假日经常回家看望二老，一家人其乐融融。

小家摆脱了苦难，赵家翠开始不遗余力地奉献"大家"。1990 年入党的她，因文艺出众、组织能力强且谈吐不俗，自 2008 年被选为村级文化干事后，其后深受乡亲们支持而连选连任。2012 年，她成了腾冲县（现为腾冲市）第二批非

物质文化遗产代表性传承人。脱贫攻坚战中，赵家翠以少数民族党员身份，以文化活动展演宣传危房改造、易地扶贫搬迁、厕所革命等相关政策。由于她待人宽厚、和蔼可亲，好多村民都喜欢请教她育儿方法、红白喜事帮厨、遇到困难求助等，她也因此有更多的好人缘。

如今 59 岁的赵家翠，忙碌依旧：她自费 1 万余元到大理、丽江去体验新农村建设、乡村旅游的发展，在她看来，作为一名有 32 年党龄的阿昌族党员，必须把濒临失传的阿昌族织锦技艺传承的担子挑起来。回来后，她用 3 万多元采买了阿昌织锦所需的材料，动员村寨里留守、无业妇女从思想上变起来，并免费教授阿昌族的织锦技艺，如今已组织开展培训多期，充分动员起村里的妇女参训。"我觉得阿昌山寨要发展，必须走旅游手工艺品传承与创新发展的新路子，希望带领姐妹们一起投身乡村振兴，过上更幸福的生活。"赵家翠说。

 ## 致富路上带好头——"阿昌表哥"曹树元

农村致富带头人是农村经济发展的主力军。他们是农村新技术、新品种最先尝试者和传授人，他们头脑灵活，敢于冒险，敢于实践，用敏锐的眼光探索致富路子。对于阿昌族而言，本村致富带头人，是村寨中最能干之人，也是最让村民信服之人，通过发挥这些人的示范作用和能人效应，逐渐改变村民们自身的陈旧观念并接受新鲜理念，从而推进生产行为方式的变更。

从四处漂泊的打工人，到敢于创新、勇于拼搏的青年创业"领头雁"，云南省德宏傣族景颇族自治州梁河县"阿昌表哥"曹树元[1]用自己的人生经历诠释出一段白手起家的创业励志故事。

曹树元最开始的机遇，是赶上了直播带货的浪潮，从淘宝客服成长蜕变为店主的。

"少壮不努力，长大卖蜂蜜。表弟表妹们，你们的大表哥上线啦，今天带大家了解的是悬崖巢蜜……"网红"表哥"用他诙谐幽默的语言直播带货，获得了众多粉丝们的喜爱和好评。

---

[1] 共青团德宏州委：《"阿昌表哥"曹树元 带领村民走上致富路》，《德宏团结报》，2022 年 7 月 27 日。

这位 1988 年出生于梁河县九保阿昌族乡芒展村的"表哥"小曹叫曹树元，阿昌族，大专毕业。"表哥"是日常生活中朋友们给幽默活泼的曹树元的别称，听起来亲切没有距离感，久而久之，曹树元也就自称"表哥"了。大学毕业之后，他的人生经历还是比较丰富的，先后辗转昆明、贵州等地打工。外出务工的那几年，曹树元挖过隧道、端过盘子、干过工地，但每个月的工资仅够勉强糊口。随着国家对农村发展的政策越来越好，曹树元每次回家，眼见家乡的变化日新月异，心里暗想打工再努力，最多一个月也就两三千，现在国家政策那么好，回乡创业说不定可行。于是在外四处碰壁的曹树元萌生了回乡创业的念头。

2014 年 11 月，曹树元回到了故乡梁河，最初在一家网店做线上客服。正是这一段工作经历让他明确了未来的发展目标。2015 年，随着国家出台大力支持电子商务发展政策，网店如雨后春笋般冒了出来。曹树元从小善于观察，勤于思考。他洞察到家乡物产丰富，特别是梁河县近几年网络发展迅速，符合他的创业思路。敢闯敢试的曹树元毅然辞去客服工作，向家人朋友借了 10 万元，开启了他的"电商"之路。

曹树元的想法很贴合实际，就是想通过电商平台帮助农民把本地的农特产品卖出好价钱，自己致富的同时也带动本地农民奔小康。

创业的梦想是激扬的，但过程十分艰辛。创业初期的曹树元资金匮乏、经验不足，只能售卖容易保存和运输的干货。为了解决产品单一的难题，曹树元开始调研自己家乡的市场，收集家乡特色茶叶、蜂蜜、皂角米等原生态农产品。为了找寻更加原生态、更受市场欢迎的农产品，曹树元的足迹遍布全州各个村寨。因为收购价格公道、从不赊账，曹树元积攒起了良好的口碑。

稳定的进货渠道有了，宣传推广却成了难题。一开始曹树元寄希望于自己的微信朋友圈对外宣传，而现实却给他泼了一盆冷水。因为朋友圈受众有限、客户体量小，他的店铺浏览量少、销量平平。这让曹树元的内心备受打击，而资金的缺乏也导致曹树元迟迟没有租到合适的铺面。

一次偶然的机会，曹树元在共青团梁河县委的公众号上了解到了青年创业贷款项目。该项目办理手续简单、利率低、放款快，正好能够帮他解了燃眉之急。2018 年初，在共青团梁河县委的帮助下，他成功贷到了 15 万元的创业贷款。有了资金的支持，他把网店开到了线下，并开始学习网店经营管理经验和运营技巧。2018 年末，曹树元迎来了人生的第一笔大订单，淘到了第一桶金。这一年他的网络销售额首次超过 10 万元。

　　2016 年，曹树元申请注册了"阿昌山"商标，销售家乡的皂角米、茶叶、蜂蜜……所有在售的农产品，他都挨家挨户上门收购，并在种植基地上进行直播讲解，人气就此慢慢积累了起来。路子打开后，他继续扩大销售种类，让十多种梁河当地的农产品销往了全国各地。经过不断地探索和努力，作为一名网店老板，曹树元深知"流量"的重要性。网络时代，曝光率决定了产品的销量。因此，他开始不断在宣传营销上下功夫。编段子、拍短视频，不仅能拉近和客户之间的距离，也能让大家直观感受梁河农特产品的优良品质，从而发展更多的消费群体来拓宽农特产品的销售渠道。经过一段时间的运营，曹树元的网店订单量也逐步增多。曹树元凭借微信、淘宝、抖音、快手等电商平台，每年直播上百场，收获了全网 40 万的粉丝量，悬崖蜜、野生菌等鲜为人知的农产品通过他的网店销往全国各地。2020 年，创下了年销售额 800 万元的纪录。2021 年，曹树元的网店共售出薏苡仁、皂角米、蜂蜜等农特产品数十吨，销售额突破了 800 万元。其中，梁河本地农产品的销售额占了 60%。

　　特别是在 2020 年，曹树元被国务院农民工工作领导小组授予"全国优秀农民工"的荣誉称号。中国农网、云南网、《德宏团结报》等官方媒体相继报道了他的故事。潮水般的荣誉和名声向他涌来，他并没有被这些身外之物冲昏头脑。曹树元深切明白在致富的路上，今天的成绩离不开党和政府的好政策，而他自己也一直不忘回报家乡、回馈社会的初心。他经常在直播间、朋友圈为贫困儿童、群众发起捐助，为需要帮助的人送去温暖。他自己也多次自掏腰包资助贫困孩子读书，为学校赠送学习用品，把过冬的衣物送给收山货途中遇到的贫困家庭。

　　村民们谈起曹树元都纷纷竖起大拇指，由衷地感慨道，以前卖货，要等到赶集日，路程远、价格也不稳定。现在有了曹树元这个渠道，主动帮乡亲们收购山货，价格公道不说，还特别方便，有力地带动了大伙脱贫奔小康。因为曹树元做生意良心公道、性格开朗、为人谦和，村里人都很信任他。靠着勤勤恳恳，曹树元的小店越做越大。曹树元说，作为土生土长的阿昌人，自己的钱包鼓了开心，看到家乡有了翻天覆地的变化开心，看到村里的一家家过上好日子更开心。

　　现在曹树元还在家乡带着乡亲们试种优质农产品，表示只要乡亲们肯种，自己的信心就足。闲暇之余，曹树元还热心地传授给老乡电商经验，主动参与到乡村振兴的工作中。

　　随着阅历的不断增加，学习的不断深入，曹树元真切认识到了自己和家乡的发展能有今天，党和政府的好政策是一个基础性的要素。带着这种感恩的情绪，

曹树元申请加入中国共产党，决心继续带着乡亲们一起过上更好的日子。2021年9月20日，曹树元成为一名光荣的中共预备党员。

创业有起点，事业无终点。曹树元始终脚踏实地朝着目标前进。作为一名有家乡情怀的青年创业者，曹树元决心继续发挥青年领头人作用，把电商销售做大做强，带领更多乡亲增收致富，为家乡乡村振兴贡献青春力量。谈及未来的发展，曹树元早就在心里有了规划：注册电子商务公司，延长本土电商产业链，为村里的乡亲们创造更多的就业、增收机会。

全面建成小康社会，一个民族也不能少。

看今朝，各民族团结携手，共同迈进全面小康，体现了中华民族优良传统，体现了中国特色社会主义制度的显著优势。社会主义是干出来的，幸福是奋斗出来的。有党和政府持续努力，有包括阿昌族在内的各族群众不懈奋斗，今后的生活一定会更好更幸福！中华民族伟大复兴的中国梦一定会实现！

参考文献

[1] 习近平 . 习近平谈治国理政：第一卷 [M]. 北京：外文出版社 ,2014.

[2] 习近平 . 习近平谈治国理政：第二卷 [M]. 北京：外文出版社 ,2017.

[3] 习近平 . 习近平谈治国理政：第三卷 [M]. 北京：外文出版社 ,2020.

[4] 习近平 . 习近平谈治国理政：第四卷 [M]. 北京：外文出版社 ,2022.

[5] 习近平 . 摆脱贫困 [M]. 福州：福建人民出版社 ,2016.

[6] 中共中央党史和文献研究院 . 习近平扶贫论述摘编 [M]. 北京：中央文献出版社 ,2018.

[7]《中国少数民族》修订编辑委员会 . 中国少数民族 [M]. 北京：民族出版社 ,2009.

[8] 阿昌族简史编写组 . 阿昌族简史 [M]. 北京：民族出版社 ,2008.

[9] 云南省编辑委员会 . 阿昌族社会历史调查 [M]. 北京：民族出版社 ,2009.

[10] 当代云南阿昌族简史编辑委员会，赵家培，段惠兰 . 当代云南阿昌族简史 [M]. 昆明：云南人民出版社 ,2011.

[11] 赵家培 . 阿昌之魂——阿昌族历史和文化资料选编 [M]. 芒市：德宏民族出版社 ,2006.

[12] 中共云南省委宣传部，云南省社会科学院 . 边疆人民心向党 [M]. 昆明：云南人民出版社 ,2021.

[13] 中共云南省委宣传部，云南省社会科学院 . 云南脱贫攻坚战纪实 [M]. 北京：人民出版社 ,2021.

[14] 国务院扶贫办政策法规司，国务院扶贫办全国扶贫宣传教育中心 . 脱贫攻

坚前沿问题研究 [M]. 北京：研究出版社 ,2018.

[15] 云南省发展和改革委员会 . 云南省乡村振兴战略规划（2018—2022）及解读 [M]. 昆明：云南人民出版社 ,2018.

[16] 罗明军 . 云南特有七个人口较少民族扶贫绩效调查研究 [M]. 北京：中国社会科学出版社 ,2015.

[17] 中国人民政治协商会议梁河县委员会 . 梁河县阿昌族今昔 [M]. 昆明：云南民族出版社 ,2003.

[18] 杨知勇，李子贤，秦家华 . 云南少数民族生活习俗志 [M]. 昆明：云南民族出版社 ,1992.

[19] 芒市地方志编纂委员会办公室 . 潞西县志：1978—2005[M]. 昆明：云南人民出版社 ,2017.

[20] 云南省陇川县志编纂委员会 . 陇川县志 [M]. 昆明：云南民族出版社 ,2005.

[21] 云南省梁河县志编纂委员会 . 梁河县志 [M]. 昆明：云南人民出版社 ,1993.

[22] 孙兆霞，张建，曾芸，等 . 贵州党建扶贫 30 年——基于 × 县的调查研究 [M]. 北京：社会科学文献出版社 ,2016.

[23] 杨海东 , 杨会仙 . 阿昌族聚居地区特色农业发展路径探析——以云南省阿昌族聚居地 H 乡为例 [J]. 农村经济与科技 ,2017(21).

[24] 王佳 . 阿昌族历史文化传承与保护研究——浅析阿昌族户撒刀锻造工艺 [J]. 普洱学院学报 ,2016(4).

[25] 魏建华 . 保山人口较少民族扶贫效益及问题研究 [J]. 保山学院学报 ,2017(3).

[26] 耿新 . 精准扶贫的差别化政策研究——以扶持人口较少民族发展为例 [J]. 中国农业大学学报（社会科学版）,2017(5).

[27] 李晓岑.阿昌族的制铁技术及相关问题 [J].广西民族学院学报（自然科学版）,2004(2).

[28] 胡红斌.公共基础设施建设是阿昌族地区脱贫攻坚的重要基石 [J].现代经济信息 ,2016(15).

[29] 胡红斌.对口帮扶与阿昌族跨越式发展的实证研究——基于阿昌族整乡推进整族帮扶项目的调查 [J].经济研究导刊 ,2017(7).

[30] 高廷芳.大力发展乡村旅游业,培育阿昌民族乡经济发展新动力——以云南省梁河县囊宋乡为例 [J].经济发展研究 ,2017.

[31] 杨一.新村新貌新生活　关璋新村拥抱"幸福阿昌"好日子 [J].今日民族 ,2018(10).

[32] 陈统昌,余艳芳.新华乡:小康路上不让一个民族掉队 [J].今日民族 ,2020(6).

[33] 李贵云.边疆民族聚居地区整族精准扶贫的对策建议——以云南德宏梁河县阿昌族为例 [J].经济研究导刊 ,2017(16).

[34] 丛蓉,李翠.整族帮扶，成就"幸福阿昌" [J].中国民族报 ,2020.

阿昌刀舞颂幸福

后　记

　　一滴水可以折射出太阳的光辉。

　　这本小书，是阿昌族兄弟和全国人民同步实现全面小康的真实写照，更是在党的光辉照耀下，云南贯彻落实习近平总书记"一个民族都不能少"殷殷嘱托的奋斗历程。

　　该书的编写，是在云南省社会科学院杨泠泠研究员的统筹、关心和帮助下推动的。写作过程中，由于恰逢新冠肺炎疫情防控期间，阿昌族主要聚居地德宏州又处在"外防输入、内防反弹"的第一线，因此未能深入一线开展调研，在第一手素材的获取方面较为薄弱。同时，要十分感谢中共德宏州委宣传部、中共保山市委宣传部的鼎力支持，提供了许多基本素材，让该书的写作得以顺利推进。全书各部分采取了"总述＋案例"的基本写作形式，力求较为鲜活地呈现阿昌族在党的领导下，顺应时代大潮，"深山走出脱贫路"的探索和实践历程。

　　在编写过程中，本书参考和借鉴了诸多已有成果，包括部分图片的使用。在此特对相关作者一一致谢。由于成书时间仓促，定有许多不足之处，恳请读者批评指正。

编者